KB214801

텐트메이커
이중직 목회자의 신학

텐트메이커 │ 이중직 목회자의
신학

최
주
광

뜰힘

저자의 소셜 미디어에 올라오는 짧은 글들을 즐겨 읽었다. 아마 일을 하러 가는 버스에서, 혹은 잠깐의 쉬는 시간에, 혹은 고단한 하루의 일을 끝내고 쓴 글들이었을 것이다. 나는 항상 깊은 여운과 도전을 받았다. 그래서 《텐트메이커》의 출간이 더없이 반갑다. 일과 목회를 병행하는 것은 결코 쉬운 일이 아니다. 목수이자 목사로서 저자가 고백하는 것처럼 그것은 생존과 소명 사이에서 비틀거리는 일이기 때문이다. 그럼에도 불구하고 저자는 이 고단한 일을 감당하는 이유를 주님의 몸 된 교회를 향한 사랑 때문이라고 고백한다. 비틀거릴지언정 결코 쓰러지지 않겠다는 그의 간절하고도 묵묵한 결단은 이 시대의 교회들과 그리스도인들에게 큰 위로와 도전을 줄 것이다.

전창희 | 종교교회 담임목사

"세상의 빛과 소금이 되어야죠. 교회의 빛과 소금이 아니라…." 3년 전 인터뷰에서 그는 담담히 말했다. 그의 젊은 시절 방황 이야기와 지금의 온화한 미소가 너무 어울리지 않는다고 생각하기도 했다. 가장으로서의 아픈 기억을 들을 땐, 또래 아이를 키우는 나의 눈시울도 붉어졌다. 인터뷰를 끝내고 돌아오는 길, 목사님을 만났다는 생각보단 힘들 때 의지하고 싶은 마음 따뜻한 사촌 형을 만난 기분이 들었다. 하나님의 가르침을 누구보다 충실히 전하고 싶다는 소명을 이야기할 때, 짓던 그 행복한 미소가 지금도 나의 마음에 든든하게 남아 있다. 고백하자면, 나는 신앙이 없는 사람이다. 그런 내가 그를 만날 수 있었던 건 아마도 하나님의 큰 축복이었을 것이다.

이대욱 | SBS 보도국 탐사보도부 팀장

이 책은 일종의 자기서사로서 이중직 신학을 기술한다. 자기서사적 장르의 특성상 독자들은 어렵지 않게 이 책에 접근할 수 있을 것이다. 그러나 이 책이 담고 있는 고민의 무게는 만만치 않다. 목회의 새로운 형태에 대해서 고민하는 독자들은 이 책을 통해서 힌트를 얻을 수 있을 것이다. 이중직 목회를 하면서 겪은 저자의 다양한 에피소드와 그의 통찰을 엿볼 수 있기 때문이다. 많은 사람이 목회의 형태를 새롭게 고민해야 하는 시기가 도래했다고 말한다. 하지만 "어떻게?"라는 측면에 대한 고민과 토론이 아직 미진한 상황에서 이 책은 앞으로의 이중직 논의를 위한 마중물이 될 것이다.

김규섭 | 아신대학교 신약학 교수

저자와의 첫 인연은 건축주와 시공업자의 관계였다. 언론을 통해 저자를 알게 되었고 적어도 건축주를 속이지 않을 것이라는 막연한 기대감 때문에 연락을 하게 되었다. 건축 과정에서 여러 번 건축 자재 더미 위에 걸터앉아 설교 원고를 작성하고 묵상하는 그의 모습을 보면서, 나사렛 어느 작업장에서 땀 흘리시던 예수님의 모습을 떠올린 적이 있다. 저자는 거룩한 옷을 입은 근엄한 제사장, 높은 강단 위에서 메시지를 선포하는 세련미 넘치는 목회자가 아닌, 온 삶으로, 온 몸으로 복음을 전하는 사람, 진정한 땀의 가치를 아는 목회자다. 정직한 노동과 땀으로 예배를 드리는 저자의 이 책을 통해 하나님 나라가 이 땅 가운데 드러나길 기대한다.

손원민 | 서울사이버대학교 교수, 온누리전문인선교학교 팀장

차례

사 마 리 아 와
갈 릴 리 사 이

"예전에는 보름만 일해도 식구들이랑 먹고살 만했는데, 이제는 한 달을 쉬지 않고 일해야 근근이 살 수 있는 것 같아."

이제 막 목수 일을 시작하던 나에게 은퇴를 앞둔 선배 목수가 해 준 말이다. 10년이 흐른 지금은 어떤가. 한 사람의 노동으로 한 가정의 살림살이를 온전히 책임질 수 없어 많은 사람들이 투잡 혹은 멀티잡으로 내몰리고 있는 현실이다. 목수와 목사. 어울리지 않을 것만 같은 두 직업은 모두 나의 직업이다. 하지만 이쪽 일터와 저쪽 일터 모두에서 나는 언제나 별나고 낯선 존재다. 바로 그곳이 내가 서 있는 자리다.

예수께서 사마리아와 갈릴리 사이로 지나가시다가 열 명의 나병환자를 만나셨다. 정확히 말하면, 예수께서 열 명의 나병환자를 만난 곳은 "어떤 마을에 들어가시"는 길이었다(눅 17:12). 사람들이 만들어 놓은 경계 밖으로 쫓겨났지만 다시 경계 안으로 들어갈 수 있는 날만을 기다리며 마을 어귀에 머물던 이들은 예수를 향해 자신들을 불쌍히 여겨 달라며 소리를 높였다. 존재를 부정당한, 목소리가 삭제된, 부정하다고 낙인찍힌 이들이 머물 수 있는 곳은 사마리아와 갈릴리 '사이'뿐이었다. 낙인은 일종의 편견이자 선입견이다. 타인을 있는 모습 그대로 받아들이려 하지 않는 인색함이며, 잘 모르면서 전부 알고 있다고 생각하는 착각이다. 이런 강한 자기 확신은 줄곧 폭력으로 이어진다. 유대인이냐 사마리아인이냐 하는 문제는 나병이라는 아픔 가운데 놓인 그들에게 더 이상 중요한 문제가 아니었다. 사마리아와 갈릴리 사이는 바로 그런 자리다. 선입견을 넘어서는, 낯선 존재를 경험하는 자리다. 생각이 여기에 다다르자 궁금해졌다. 병 고침을 받고 다시 이전의 경계 안으로 돌아간 열 명에게 사마리아와 갈릴리 사이에서의 경험은 어떤 영향을 주었을까. 과연 그들은 예전처럼 사마리아인들을 배척하고 저주했을까.

투잡을 갖는 것이 이상할 것 없는 요즘이지만 유독 일과 목회를 병행하는 이중직 목사를 향한 시선은 곱지 않다. 정확히는 교회라는 경계 안에서의 시선이 그렇다. "얼마나 못났으면 목사가 일을 해? 반만 목회하는 거 아냐?"는 등의 말들은 이제 상처가 되지도 않는다. 처음부터 두 직업을 가진 목회자가 되려던 것은 아니었다. 그렇다고 대단한 철학이나 사명감을 가지고 시작한 일도 아니었다. 교회에서 목회자로서의 경력을 쌓으면 자연스럽게 임지가 정해지고, 남들이 생각하는 목사가 되어 있을 것이라는 막연한 기대를 가지고 있었다. 그렇게 목사가 되기 위한 길을 걷다가 세월호의 비극 앞에서 길을 잃어버리고 말았다. 성경에는 "우는 자들과 함께 울라"(롬 12:15)고 적혀 있는데 교회는 그런 모습이 아니었다. 어디를 향해 가야 하는지 한 치 앞도 알 수 없어서 잠시 가던 길을 멈추고 교회가 무엇인지 다시 질문하기 시작했다. 그리고 여전히 나는 그

질문에 대한 답들을 찾아가는 과정에 있다. 목수 일도, 목사의 직분도 무엇 하나 제대로 감당하고 있지 못하지만 나는 생존과 소명 사이에서 비틀거릴지언정 쓰러지지 않으려고 몸부림치고 있다.

　엘리베이터가 없는 5층 현장에 자재를 나르기 위해 일용직 한 분을 모셨다. 아직 자재가 도착하지 않아 전동 드릴로 피스를 박는 단순한 작업을 부탁드렸는데 현장이 처음이신 그분은 그마저도 어려워하셨다. 5층까지 올려야 할 합판이 100장인데, 뒤에서 거친 숨소리와 합판 부딪히는 소리가 들렸다. 잠시 멈춰 합판 나르는 요령을 알려 드렸더니 숨소리도, 합판 부딪히는 소리도 잦아들었다. 좁은 계단을 따라 오르내리기를 반복하다 보니 금새 속옷까지 젖어 버릴 정도로 땀이 흘렀다. 잠시 계단에 걸터앉아 물을 마시며 일하러 오신 분과 대화를 나누었다. "도움이 못 돼 죄송해요." 평생 회사에서 경리 회계 업무 일을 하셨고 한 달 전에 명예퇴직을 하셨다고 한다. 퇴직 이후 한 달 동안 집에만 있으려니 가족들 눈치가 보여 뭐라도 해야겠다 싶어 오늘 처음으로 현장에 나오신 것이다. 그분의 모습에서 10년 전 나의 모습이 보여 천천히 하시라고 말씀드리곤 몸을 일으켜 세웠다.

인류학자 김현경은 《사람, 장소, 환대》에서 사람이 된다는 것은 성원권을 갖는 일이라고 말한다. 그러니까 사람은 받아들여지는 경험을 통해 사회의 구성원으로 자리하게 되는 것이다. 10년 전, 모르는 것투성이였던 나를 받아 주셨던 현장의 많은 반장님들 덕분에 나는 이제 현장에서 한 사람의 몫을 할 수 있게 되었다. 그 환대의 기억들이 나로 하여금 처음 현장에 오신 분을 너그럽게 받아들일 수 있게 했던 것은 아닐까. 그렇게 또다시 10년의 세월이 지나 누군가를 받아들이는 환대의 순간이 다른 모습으로 부활하길 기대해 본다. 나와 너, 우리와 너희라는 경계는 사이에 머물며 서로를 경험하는 낯설고 별난 이들에 의해 허물어지리라 믿는다. 더 나은 내일을 위해 여러 일을 하는 많은 이들처럼, 주어진 소명을 위해 마주한 생존의 문제와 씨름하는 목회자들의 이야기가 세상에 더 많이 들려졌으면 좋겠다.

평소 알고 지내던 뜰힘 출판사 최병인 대표가 말했다.

"목사님의 이야기는 제가 가장 잘 만들 수 있을 거예요." 그래서 용기를 내어 흩어져 있던 나의 이야기들을 한데 모으기로 했다. 에세이가 그렇듯 이 책은 누군가를 가르치기 위한 책이 아니다. 대단한 통찰이 있는 것도, 거창한 철학이 담겨 있는 것도 아니다. 그저 일터와 교회를 오가며 새롭게 발견하게 된 삶과 신앙의 이야기들을 솔직하게 담아냈다. 제주의 비자림을 걸으며 갈릴리와 사마리아 사잇길을 떠올려 본다. 목수와 목사의 경계선을 살아온 시간들이 나를 어떻게 가꾸어 가고 있는지 생각해 보기 시작한다.

첫 번째 이야기

안으로,

다시 밖으로

지 워 지 지
않 는 것

학창 시절 느와르noir 장르의 영화가 한창 인기였다. 제목
은 기억이 나지 않지만 이상하게도 잊히지 않고 또렷이 기
억에 남는 한 장면이 있다. 주인공은 조직의 추적을 피해
성당으로 숨어들었는데, 그는 팔을 걷고 꽃밭에 물을 주고
있는 신부님을 만난다. 신부의 팔에 새겨진 문신이 조직폭
력배였던 주인공의 눈에도 신기했던 모양이다. 그런 주인
공의 시선을 느꼈는지 신부는 말한다.

"시간이 지나도 지워지지 않는 것들이 있네요."

목사인 나에게도 지워지지 않는 흔적이 있다. 요즘은 문신

이라 하지 않고 타투라고 하던가. 길을 지나가는 젊은이들에게서 쉽게 볼 수 있기에 예전처럼 거부감을 드러내지 않지만 그래도 목사의 몸에 문신이 새겨져 있을 때는 이야기가 달라진다. 그렇게 나는 지금도 사람들의 낯선 시선을 경험하곤 한다.

엄마가 많이 아팠다. 왜 아프셨는지 정확하게 기억나지는 않지만 자리에만 누워 계시던 엄마의 모습이 뇌리에서 떠나지 않는다. 삼남매 중 막내였던 내가 국민학교에 입학하던 날에도 엄마는 학교에 오시지 못했다. 병은 깊어 갔고 얼마 지나지 않아 엄마는 돌아가셨다. 아직 죽음이 무엇인지, 엄마를 다시 볼 수 없다는 것이 무엇인지 알지 못하는 어린 나이였지만 엄마 없는 아이로 살아간다는 것이 무엇인지 알게 되기까지는 그리 오랜 시간이 걸리지 않았다. 여느 때와 다를 바 없이 방문한 외할머니 댁이었는데, 비루먹은 모습을 한 막내 손주의 모습에 할머니가 눈물을 터뜨리셨다.

"엄마가 있을 때는 때수건을 꼭 챙겨 보냈는데 이게 뭐니!"

할머니가 가스 불에 데워 주신 따뜻한 물에 손을 담그고 때를 벗겨 냈다. 엄마 없는 아이의 모습이 벗겨져 나갔다. 이제 제법 엄마 없이도 씩씩하게 살아가고 있는데, 아버지는 조심스럽게 새엄마 이야기를 꺼내셨다. 아마도 엄마 없는 아이만큼이나 사모 없는 목사로 살아가는 것도 녹록하지 않았던 모양이다. 엄마가 돌아가시고 일 년 뒤 즈음에 아버지의 결혼식에 갔다. 아버지 옆에 다른 누군가가 있었다. 엄마의 자리가 사라진 것처럼 느껴져 처음에는 새엄마를 힘껏 부정하기도 했다. 하지만 새엄마는 배 아파 아이를 낳으면 편애하게 된다며 오롯이 삼형제의 엄마가 되어 주셨고 나는 사랑하는 엄마에게 이내 마음을 열게 되었다. 그렇다고 그것이 돌아가신 엄마에 대한 배신이라고는 생각하지 않았다. 키워 주신 엄마, 낳고 길러 주신 엄마. 세상에서 가장 좋은 엄마가 나에게는 둘이나 있다.

보통 '엄마'라는 단어가 세상에서 가장 아름다운 단어인 반면에 '아빠'는 순위 안에 들어가지 못한다고 하는

데, 나의 경험도 별반 다르지 않았다. 의사가 환자를 치료해 주고 돈을 벌지만 돈을 버는 것 자체가 목적이 아니라는 것쯤은 모두가 안다. 치료 행위를 통해 필요한 돈을 벌지만 의사는 아픈 사람들을 치료해 주는 이다. 이렇듯 직업에는 일정의 소명 의식이 필요하다. 특히 목사와 같은 종교인들의 경우는 더욱 그렇다. 하지만 안타깝게도 목사였던 아버지는 그런 소명 의식이 부족했던 모양이다. 무슨 일인지 예배 시간이 지났는데도 아버지는 나타나지 않았고, 발을 동동거리던 엄마가 신학 교육을 따로 받지 않았음에도 대신 예배를 인도하시곤 했다. 그 후로 부모님의 결혼식 때 보았던 두 분의 행복한 모습을 다시 보기까지 너무도 오랜 세월이 필요했다. 목사라는 사실 하나 보고 결혼하셨던 엄마이기에, 목사가 도박 중독이라니 사기 결혼처럼 느껴졌을 것이다. 개척한 교회에서 쫓겨나 몇 번 다른 지방으로 목회지를 옮겼지만 결국 더 이상 목회를 하실 수 없게 되었고, 가정이 깨지고 말았다. 부모가 자녀에게, 자녀는 부모에게 바라는 것들이 있다. 성경은 그렇게 서로에게 바라는 것, 혹은 기대하는 것을 완벽하게 수행했을 때 얻게 되는 것을 가리켜 '의'라고 말한다. 인간이 어찌 완벽하게 의로워질 수 있겠냐마는 서로에게 너무도 '불의'했던 우리 가족은 결국 뿔뿔이 흩어져 각자의 삶을 이어 가기 시작했다.

너무 좋았다. 더 이상 부모님의 싸움 때문에 숨죽이지 않아도, 자는 척하지 않아도 되었다. 교회를 나가지 않고 친구들과 놀 수 있는 일요일은 완전히 새로운 날이었다. 국민학교 때부터 운동을 한 나는 체육특기자로 중학교에 진학을 했다. 하지만 고등학교는 시험을 치러 진학을 해야 했다. 기초가 부족했기에 공부에 흥미를 느끼지 못했고 학교 밖이 어울리는 청소년이 되어 갔다. 친구들과 자취방을 얻었고, 학교에 가는 날보다 그렇지 않은 날이 더 많았다. 사람은 사람에 의해서만 사람이 된다고 하지 않았던가. 그래서 어디에 있느냐는 매우 중요한 문제다. 나는 학교 바깥에 머물며 그곳이 어울리는 사람이 되어 가고 있었다. 생활비를 벌기 위해 소위 말하는 업소에서 일을 했고, 그렇게 돈이 생기면 유흥비로 탕진하기를 반복하다가 결국 사건이 터지고 말았다.

사람이 어떤 옷을 입고 있는지에 따라서 그를 무엇이라고 부를지가 결정되는 경우가 있다. 교복을 입은 학생으로 불려야 할 나이에 265라는 숫자가 적힌 수의를 입게 된 것이다. 수의를 입은 나는 이름을 잃었고 숫자로 불렸다. 그래도 그 번호가 반가울 때도 있다. 바로 접견 소식이 전해질 때다. 죄수들은 자신의 번호가 불리면 설레어 옷매무새를 고치고 치약으로 고무신을 닦는다. 그래 봤자 죄수복이고 모두가 손가락질하는 죄수이지만, 그런 자신을 보러 온 사람들이니 어찌 고맙지 않겠나. 하지만 265번은 불리지 않았다. 아무도 면회를 오지 않는 소년수를 향해 '법자'라고 부르는데, 이는 '법무부의 자식'의 줄임말이다. 면회를 오는 부모가 없으니 영치금이나 사식을 넣어 주는 이도 없고, 법무부가 필요한 것을 제공해 주며 부모의 역할을 대신해 주기에 생긴 은어다. 그런 시간들을 지나면서 나는 혼자구나, 라는 생각을 했고 스스로를 지킬 힘을 가져야겠다고 다짐했다. 미성년자에다가 초범이라는 점이 참작되어 집행 유예를 받고 출소를 했지만 돌아갈 집이 없었다. 평소 알고 지내던 선배에게 연락을 했고 선배의 친구들,

선배의 선배들, 그리고 선배의 후배들은 나의 식구가 되어 주었다. 온전히 내 편이 되어 주는 이들을 만난 것이다(그때는 정말 그렇다고 생각했다). 그렇게 식구 생활을 한 햇수가 10년이니 짧지 않은 세월이었다.

큰 사건이 터지고 말았다. 그 일로 인해 내 편이 되어 주던 이들 중 상당수가 징역에 가게 되었고, 남겨진 이들 사이에서는 크고 작은 싸움이 지속되었다. 싸움에 연루되어 크게 다쳐 숙소에 누워 있는데 부모님이 찾아오셨다. 착하기만 했던 아들이 온몸에 문신을 하고 다쳐 누워 있는 모습을 보고는 말문이 막히셨는지 이내 돌아가시며 말씀하셨다.

"다치면 말해. 엄마가 상해보험 들어 놨어."

당시만 해도 삶에 크게 미련이 없었다. 내가 사라진다고 누가 슬퍼하기나 하겠냐며 멋있게 죽을 생각뿐이었다. 그런데 나를 걱정해 주는 이가 있다니. 그냥 말로만 걱정해 주는 것이 아니라 나를 걱정하며 무언가를 해 주는 존재가 있음을 처음으로 경험한 순간이었다. 사람은 쉽게 변하지 않는다. 하지만 이를 가능하게 하는 것이 있다면 바로 사랑이다. 그렇게 정상적인 사회의 구성원으로 받아들여지는 사랑의 경험들이 쌓이기 시작했고 변화가 시작되었다. 변화의 시작은 아버지였다. TD$^{\text{Tres Dias}}$를 다녀오신 아버지는 지난날에 대한 진지한 회개의 시간들을 지나고 계셨다.

"아버지가 되는 게 무엇인지 몰랐어. 미안하다."

아버지는 나에게 TD를 다녀오라고 권유하셨다. 하지만 용서를 강요하는 것처럼 들렸다. 굳이 내가 왜 그래야 하는지 이해가 되지 않았고, 이제 와서 아버지 노릇을 하려는 것처럼 보여 비딱한 생각이 먼저 들었다. 아니, 솔직히 화가 났다. 분노의 감정은 왜 생겨나는 것일까? 분노는 누군가에 의해 해를 당했을 때 자연스럽게 생기는 감정인데도 잘못된 감정으로 여겨지는 경향이 있다. 용서는 과정이며 용서하는 데 있어서 반드시 다뤄야 할 것은 분노의 마음이다. 피해자에게 용서를 강요해서는 안 된다. 용서하지 못하는 것은 믿음이 없어서도 아니며, 인격적으로 덜 성숙해서도 아니다. 용서는 어긋난 관계를 회복하는 과정이기 때문에 반드시 가해자는 그에 합당한 벌을 받아야 하고 그렇게 피해자의 분노가 해결되는 과정을 통해 용서가 이루어진다. 지금도 나는 나에게 상처를 준 이들을 용서하는 중이며 또한 내가 상처를 입힌 이들에게 용서를 구하는 중이다.

세월호라는
십자가

우리 주 예수 그리스도의 아버지이신 하나님을 찬양합시다. 하나님께서는 그리스도 안에서, 하늘에 속한 온갖 신령한 복을 우리에게 주셨습니다. 하나님은 세상 창조 전에 그리스도 안에서 우리를 택하시고 사랑해 주셔서, 하나님 앞에서 거룩하고 흠이 없는 사람이 되게 하셨습니다.

에베소서 1:3-4

TD를 다녀왔다. 오랜만에 기도라는 것도 해 봤다. 여태껏 살아온 시간들에 대한 후회와 반성을 했지만 앞으로 어떻게 살아야 할지 막막하기만 했다. 우선 운전면허 학원에 등록하고, 치과 치료를 받기 시작했다. 말소된 주민등록증을 다시 살리고 운전면허를 취득하면서 나도 정상적인 사회의 구성원임을 증명할 수 있었다.

"이제 나도 남들과 다르지 않은 평범한 일상을 살 수 있는 건가?"

내가 머물렀던 '학교 밖'은 다르게 말하면 '교회 밖'이기도 했다. 아무도 나를 사랑하지 않는다는 생각은, 나는 누구에게도 사랑받을 만한 사람이 아니라는 생각으로 이어져 더 이상 교회에서도 머물 수 없었다. 떠났던 교회로 다시 들어가기 위해 제주로 향했다. 엄마의 권유로 예수전도단Youth With A Mission 제주 열방 대학에서 진행하는 DTSDiscipleship Training School를 받기로 한 것이다. 어색해져 버린 교회와 다시 어울리는 사람이 되어 가는 과정이었다. 그곳에서 하나님에 관한 많은 오해가 풀렸다. 특히 에베소서 1장 4절인 '창조 전에' 택하셨다는 말씀을 통해 내가 무언가를 하지 않아도 존재 자체로 사랑받을 만한 사람이라는 사실을 깨닫게 되었다. 물론 이런 사실을 처음부터 받아들인 건 아니다. 스스로도 사랑하지 못하는 나를 하나님이 창조 전에 택하시고 사랑해 주셨다는 말을 믿기 어려웠다. 그런데 어느 신학자의 말이 마음에 와서 박혀 버렸다.

"회심은 하나님이 나를 조건 없이 받아들인다는 사실을 받아들이는 것"이라는 폴 틸리히의 글을 읽으며 스스로를 사랑하지 않았던 삶으로부터 돌이키게 되었다. 아마도 베드로가 이런 마음을 갖지 않았을까. 다른 사람은 몰라도 자신만큼은 주님을 배신하지 않을 것이라 확신한 그였다. 하지만 새벽닭이 울자 베드로는 예수를 부인하는 것도 모자라 저주까지 했다. 자신의 모습에 실망한 베드로는 예수를 만나기 이전의 삶으로 돌아간다. 그런데 베드로를 찾아오신 주님은 베드로와 제자들을 위해 식사를 차리시고는 "와서 조반을 먹으라"고 말씀하신다. 한국 사람들이 가장 많이 하는 거짓말 중 하나가 "나중에 밥 한번 먹어요"다. 우리는 안다. 함께 밥을 먹는다는 것의 의미를 말이다. 우리는 아무하고나 함께 밥을 먹지 않는다. 그래서 이 약속은 지켜지지 않는 경우가 더 많다. 함께 먹는다는 건, 우리 사이에 아무런 문제가 없다는 말이기도 하다. 그런데 예수는 자신을 부인하고 저주까지 했던 베드로를 식탁으로 초대한다. 그리고 이 한 번의 식사는 베드로의 삶을 송두리째 바꾸고 말았다. 배신자인 자신을 아무 조건 없이 받아들이신 주님의 사랑을 아무 조건 없이 받아들이기로 한 베드로는 "내 양을 먹이라"는 말씀에 순종하여 주님의 몸 된 교회를 세워 나간다. 그는 조건 없는 사랑을 받아들이는 일 말고는 자신이 할 수 있는 일이 없다는 사실을 깨닫게 되었다.

더 많은 사람에게 내가 경험한 감격과 기쁨의 소식을 전하고 싶었다. 선교사가 되어야겠다고 마음을 먹었던 게 그 무렵이다. 그래서 신학교에 갔고 과정이 끝나면 선교지로 떠날 계획을 가지고 있었다. 하지만 2014년 4월 16일 이후로 모든 것이 바뀌고 말았다. 꽃과 같은 아이들의 죽음 앞에서 내가 할 수 있는 일은 예배당에 앉아 엉엉 울면서 하나님께 따지는 것뿐이었다. "하나님, 도대체 이게 말이 됩니까? 어떻게 이런 일들이 일어날 수 있습니까? 당신이 선하시다면, 당신이 전능하시다면 뭐라도 하셨어야죠?" 그러면서도 한편으로는 기대를 하고 있었다. 내가 너무도 사랑하는 교회가 "우는 자들과 함께 울라"던 말씀을 따라 아픔을 겪고 있는 이들 곁에 머물며 위로할 것이라고 믿었다. 하지만 수많은 목사들은 세월호를 가리켜 하나님의 경고이며 하나님의 뜻이라고 설교했다. 그래도 교회를 다니던 아이들은 천국에 갔으니 슬퍼하지 말라며 슬퍼할 기회조차 빼앗아 버리던 교회는 내가 알던 교회가 아니었다. 눈에 비늘이 벗겨지며 교회의 관심 영역에서 밀려난 사람들, 제도 유지에 필요한 사람만 챙기는 한국 교회의 모습이 보이기 시작했다. 애써 외면해 온 모습들이 폭로된 세월호는 이천 년 전 십자가와 맞닿아 있었다.

그렇게 2014년 12월에 나는 섬기던 교회를 사임하고 제도권 교회를 뛰쳐나왔다. 그리고 잊지 않고 기억하기 위해 팔목에 세월호를 새겼다. 아니 십자가를 새겼다. 선교의 목표를 재생산이 가능한 교회를 세우는 것이라고 배웠는데, 제도를 유지하기 위해 사람을 도구화하는 교회 하나 더 세우는 일이 무슨 소용인가 하는 마음이 들었다. 그래서 다시 질문하기 시작했다. '교회란 무엇인가? 선교란 무엇인가?' 스스로에게 던진 질문에 대한 답을 찾기 위해 선택한 방법은 교회 탐방이었다. "본질은 다양성 속에서 발견되는 것"이라던 한스 큉의 문장에 꽂혀 기독교 안에 다양한 형태로 존재하는 교회들을 찾아 나섰다. 감리교에서 나고 자라서 장로교에서만 사역했기에 그것을 전부로 여겼다. 그 생각은 이내 깨지고 말았다. 그동안 강한 자기 확신에 빠져 누군가에게 폭력을 휘두르고 있었다는 사실이 부끄러웠다.

다양성 속에서의 일치를 강조하기보다 일치성 속에서의 다양성을 해명하지 않으면 안 된다.
롤프 크니림Rolf P. Knierim

제일 먼저 방문했던 교회는 이웃교회다. 장로교 통합측에 소속된 교회이지만 보통의 통합측 교회와는 많이 달랐다. 목사님은 일과 목회를 함께 병행하시는 분이었고 송파구에 있는 한 성도님의 가정에서 모여 예배를 드리는 교회였다. 내성적인 아내에게는 가정 교회를 방문하는 일 자체가 '미션'이었기에 최대한 예배 시간에 맞춰 문을 열고 들어갔다. 그런데 목사님이 보이지 않았다. 안절부절 못하고 있는 나와는 달리 그곳에 모인 분들은 아무렇지 않게 담소를 나누고 계셨다. 처음 있는 일이 아닌 듯했다. 30분이 지났을까. 도착하신 목사님은 별다른 사과의 말도 없이 커피를 한잔 내리고는 예배를 인도하기 시작했다. 11시 10분이면 문을 잠그던 교회에서 사역을 했었기에 이 모든 것이 낯설고 불편했다. 하지만 성도님들은 슈퍼마켓을 운영하는 목사님이 주일에 다른 사람에게 가게를 맡겨야 한다는 사실을 알고 있었다. 그날은 아르바이트를 하러 오시는 분이 늦었고, 목사님도 예배에 늦을 수밖에 없었다. 11시면 무조건 예배가 시작되어야 한다고 배웠고 그것을 지켜왔다. 하지만 늦을 수밖에 없는 상황으로 인해 잠긴 교회 문을 흔들다 돌아가야 했던 이들의 삶에는 관심이 없었다. 망치로 한 대 맞은 것 같았다.

교회가 그렇게 목소리 높여 외치는 '주일성수'에 담긴 의미는 무엇인가. 어떤 이들은 일요일에 장사를 하지 않으면 하나님이 복을 주셔서 사업이 더욱 번창할 것이라고 말하기도 한다. 가당찮은 이야기다. 어떻게 6일을 일한 사람이 7일을 일한 사람보다 더 많이 벌 수 있단 말인가? 그래서는 안 된다. 일요일이면 가게의 문을 닫고 교회로 향하는 일은 돈을 버는 것보다 더 중요한 가치가 있다는 믿음의 표현이다. 그렇다면 우리가 정말 소중히 지켜야 할 가치는 무엇일까. 예배의 형식을 위해 희생을 강요하기보다는 수고하고 무거운 짐을 지고 살아갈 수밖에 없는 이들의 힘겨움을 들여다보고 배려할 줄 아는 마음이 예배 곳곳에 담겨야만 한다. 그렇게 나는 다시 교회 바깥으로 나왔다. 이후로도 탐방은 지속되었고 다양성 속에서도 변하지 않는 어떤 것이 있다는 사실을 어렴풋이 알게 되었다. 그것은 바로 사람이었다. 어느 철학자의 말처럼 사람은 도구가 아닌 목적이 되어야 한다. 그리고 교회는 내가 하나님의 형상으로 지음 받은 존재인 것처럼 타자도 하나님의 형상임을 인정하며 모두가 함께 그리스도의 장성한 분량으로 자라가는 공동체다.

영원하신 주님, 예수 그리스도의 이름으로 간구하는 우리의 기도를 들어 주신다는 약속을 의지하여 간구하오니, 우리로 하여금 이웃과 더불어 살아가기 어렵게 만드는 우리의 허물들을 용서하여 주십시오. 우리가 혹시 자기만 어렵게 사는 줄 알고 처신하거든, 자기만 유독 힘들게 일하는 줄 알고 불평하거든, 자기만 절망적인 상황에 처한 줄 알고 낙심하거든, 우리가 혹시 지나치게 자기중심적이거나 지나친 자기연민에 빠져 있거든, 주여, 우리를 용서해 주십시오. 삶에서 저만 아는 마음과 추한 욕심을 제하여 주시고, 다가오는 날에는 좀 더 나은 사람이 되게 하여 주옵소서. 아멘.

윌리엄 바클레이William Barclay

믿음을 찾아
교회를 떠난 사람들

하나님이 이르시되 우리의 형상을 따라 우리의 모양대로
우리가 사람을 만들고….

창세기 1:26

인간답다, 사람답다는 말은 어떤 의미일까. 흔히 뉴스를
통해 접하는 흉악범들을 보면서 우리는 "인간 같지 않다"
고 말한다. 인간과 다르게 생겨서가 아니다. 다른 사람의
아픔과 고통에 공감하지 않고 잔인한 범죄를 저질렀기 때
문이다. 그렇다면 인간다움에 있어서 가장 중요한 것은 다
른 사람의 아픔과 고통에 공감하는 마음이 아닐까. 기독
교에서는 신이 인간을 공감한 사건을 가리켜 인카네이션

incarnation, 곧 성육신이라고 부른다. '카네이션'이라는 단어가 '피부, 살, 몸'이라는 의미를 지닌 단어에서 온 것을 보면 하나님은 우리의 살을 뚫고 침투하실 정도로 우리에게 깊이 공감하시는 분이다. 그렇기 때문에 그 모양대로 지음을 받은 인간은 타인의 아픔에 공감할 수 있어야 한다. 타인의 아픔을 외면하고 이용해야 행복이 보장된다고 말하는 신자유주의의 메시지와 반대되는 것이 바로 예수 정신이다. 예수의 도를 따르던 처음 교회의 성도들은 '길의 사람들'이라는 별명을 가지고 있었다. 그 길은 어디에서 시작되는 것일까.

여호와께서 아브람에게 이르시되 너는 너의 고향과 친척과 아버지의 집을 떠나 내가 네게 보여 줄 땅으로 가라. 내가 너로 큰 민족을 이루고 네게 복을 주어 네 이름을 창대하게 하리니 너는 복이 될지라. 너를 축복하는 자에게는 내가 복을 내리고 너를 저주하는 자에게는 내가 저주하리니 땅의 모든 족속이 너로 말미암아 복을 얻을 것이라 하신지라.

창세기 12:1-3

하나님은 아브람에게 "고향과 친척과 아버지의 집을 떠나"
라고 말씀하셨다. 목적지가 어딘지도 모른 채 고향과 친척
과 아버지의 집을 떠나면 나그네 신세가 될 수밖에 없다.
그리고 당시 나그네가 된다는 것은 누군가의 도움 없이는
살아갈 수 없는 사람이 되는 것을 의미했다. 바로 이곳이
길의 사람들의 출발점이다. 나그네가 되어 누군가의 도움
없이는 살아갈 수 없는 삶이 어떤 것인지 깊이 공감하는
자리 말이다.

때로 교회는 교회에서 쫓겨난 이들의 피난처가 되어야 한다.
레이첼 헬드 에반스Rachel Held Evans

전에 다니던 교회에 한국인 엄마와 필리핀 아빠 사이에서
태어난 아이가 있었다. 엄마와 아이만 교회를 나오곤 했는
데, 언제부턴가 아이는 보이지 않고 엄마만 교회에 나오시
길래 어떻게 된 일인지 물어봤다. 아이가 유치원에서 자주

놀림을 당했고, 결국 아이는 아빠와 함께 필리핀으로 가서 살기로 했다고 한다. 어느 날 엄마는 우연찮게 남편이 다른 여자와 찍은 사진을 보게 되었고, 그 일로 인해 힘들어하고 있었다. 그 사실을 알게 된 것은 교회가 아니라 sns였다. 아이 엄마는 매주 빠지지 않고 교회 예배에 참석하는데도, 자신의 아픔을 나눌 사람이 없었던 것이다. sns에 글을 올리긴 했지만 그마저도 글을 읽고 공감해 준 친구가 두 명뿐이었다. 얼마나 외롭고 힘들었을까. 두 명의 친구 중 하나였던 나의 아내가 아이의 엄마에게 전화를 했다. "양평(저희 집)에 한번 놀러 오세요. 만나서 이야기 나누다 보면 마음이 좀 풀리지 않을까요?" 아내의 관심에 아이의 엄마는 진심으로 고마워했지만 양평에는 오시지 않았다.

헤아릴 수 없이 큰 하나님의 은총과 이웃의 곤궁을 직시하며 온전히 겸허해지고, 하나님의 인자하심이 우리에게 부여한 엄청난 책임을 깨달으십시오. 자기 자신만 바라보지 마십시오. 누구도 하나님께서 돈과 재물로 자신을 축복하셨다고 말하면서, 이 세상에 자신과 선하신 하나님만 존재하는 듯한 자세로 살아서는 안 됩니다.

디트리히 본회퍼Dietrich Bonhoeffer

1931년 10월 4일, 디트리히 본회퍼가 베를린에서 행한 설교다. 눈에 보이지 않는 하나님을 어떻게 사랑할 수 있을까. 사랑은 단순히 감정이 아니다. 그래서 예수는 하나님 사랑과 함께 이웃 사랑을 이야기한다. 이웃을 사랑하는 일만이 하나님을 사랑한다는 말이 거짓이 아님을 증명할 수 있다. 공감하지 못함(않음)은 제도화된 교회가 가지고 있는 큰 문제 중 하나다. 인간이 되신 하나님은 "지극히 작은 자 하나에게 한 것이 나에게 한 것"이라고 말씀하셨다. 그러니까 교회에서 지극히 작은 이들의 존재를 부정하고 목소리를 삭제하는 일은 교회에서 예수를 지우는 행위다.

다시 길을 찾기 위해 두리번거리던 나에게 다가온 이들이 있는데, 바로 믿음을 찾아 교회를 떠난 사람들이다. 예수가 답이라고 말하지만 질문 자체를 잃어버린 교회 안에서, 질문하는 이들에게는 믿음이 없다는 낙인이 찍힐 뿐이다. 질문하는 도마를 향해 의심 많은 제자라고 했던 것처럼 말이다. 하지만 실상은 모든 제자가 믿지 않았다(막 16:11). 부활한 예수의 떠남은 앞으로는 보지 않고도 믿어야 한다는 것을 의미한다. 어떻게 보지 않고 믿을 수 있을까. 예수는 도마와의 대화를 통해 솔직하게 질문하는 자만이 솔직한 대답을 얻을 수 있음을 말씀하신다. 도마의 이름은 '쌍둥이'라는 뜻을 가졌다. 성경은 그의 쌍둥이 형제가 누구인지 언급하지 않는다. 어쩌면 우리가 그의 쌍둥이 동생이 되어 솔직하게 질문하고 답변을 얻음으로써 보지 않고도 믿을 수 있는 사람이 되라는 당부가 그 이름에 담긴 것은 아닐까. 기독교 신앙은 맹목적인 신앙을 추구하는 것이 아니라 솔직한 질문을 던지며 그에 대한 답을 찾아가는 '이해를 추구하는 신앙'이다.

그렇게 믿음을 찾아 교회를 떠난 이들과 함께 성경을 낯설게 읽으며, 그동안 당연하게 여겨 온 것들에 대해 질문하기 시작했다. 그런 질문 중 하나가 바로 "세상에는 이렇게 많은 교회가 있는데, 왜 또 하나의 교회가 있어야 하는가?"하는 질문이었다. 교회에 사람이 없다고 걱정하지만 정말로 걱정해야 할 것은 사람들 사이에 교회가 없는 현실이다. 많은 사람이 모이고, 양적으로 성장하는 일이 교회의 목적이었다면, 성령은 왜 부흥하던 예루살렘 교회를 흩으신 것일까. 교회는 잘 흩어지기 위해 모이는 곳이어야 한다. 교회 '안'에서가 아니라 '세상'에서 빛과 소금이 되기 위해 광장으로 나서야 할 때라고 생각했다. 그렇게 2016년 1월, '교회, 흩어지는 사람들'이라는 예배 공동체를 시작하게 되었다.

아가페는 맹목적으로 자기를 희생하는 것이 아니라 옳음을 위하여 그릇됨에 대하여 싸우는 불타는 심정으로 자신을 내어 주는 것이다.

김교신

감리교 목사로 은퇴하신 아버지는 아들이 감리교 목사가 되기를 바라셨다. 하지만 목사가 되기 위해 앞으로 3년 이상을 100만원 남짓한 사례를 받으며 버틸 자신이 없었다. 목회자의 자녀(가정)라는 이유로 가족에게 희생을 강요하고 싶지도 않았다. 목사라는 직업에는 '부르심'이 있다고

들 말한다. 마찬가지로 아이들의 아버지, 아내의 남편이라는 역할에도 부르심이 존재한다. 솔직한 말로 목사는 내가 아니어도 할 사람이 넘쳐 난다. 하지만 아버지, 남편이라는 역할은 내가 아니면 안 된다. 무엇이 더 중요하고, 덜 중요하다는 말이 아니다. 목사로의 부르심만을 중요한 것이라고 생각하고 내가 아니면 안 되는 일을 외면해서는 안 된다는 말이다. 나는 두 가지 모두를 잘하고 싶었고, 교회로부터 목회자의 재정을 독립해야겠다는 생각에 이르렀다. 직업이 필요했지만 목사가 되기 위한 10년 공부가 먹고사는 문제를 해결하는 데 별 도움을 주지 못했다.

자비량 목회, 이중직 목회, 일하는 목회자 등. 일과 목회를 병행하고 있는 이들을 부르는 다양한 말들이 있다. 그 말이 무엇이든 일과 목회를 병행하는 일은 결코 쉬운 일이 아니다. 현장에서 일을 하며 성도들의 고단한 삶을 이해할 수 있다는 장점이 있지만 동시에 나의 삶이 고되기에 목회자에게 필요한 독서와 기도의 시간을 확보하는 데 어려움이 있다는 단점도 분명히 있다. 하지만 그럼에도 불구하고 많은 목회자가 일과 목회를 병행하는 이유는 교회를 향한 사랑 때문이다. 나는 아직도 매일 낯선 작업복으로 갈아입으며 다짐한다.

"생존과 소명 사이에서 비틀거릴 때도 있겠지만 쓰러지지는 말자."

내가 두 직업의 목회를 하고 있기에 이것만이 '옳다'고 주장하려는 것은 아니다. 오롯이 목회에만 전념하며 교회를 섬기고 계신 분들의 수고와 애씀을 잘 알고 있다. 반드시 필요한 형태의 목회라고도 생각한다. 마찬가지로 다른 방식으로 새롭게 표현되는 교회, 믿음을 찾아 교회를 떠난 이들의 모임을 부정하지는 말자는 것이다. 일상을 살아가는 사람들 곁에서 교회가 무엇인지 고민하며 현장으로 나선 낯설고 별난 목회자들을 향한 따뜻한 시선과 격려의 말들이 필요한 때다. 책상이 아닌 현장에서의 공부를 통해 교회 공동체를 성숙하게 하실 주님의 일들을 기대하며 오늘도 먼지 날리는 현장으로 출근한다.

목수 목사 이야기

새 온 이 의
운 동 화

아내를 만나 결혼을 했고 우리 두 사람의 기도는 아이의
이름(새온)이 되었다.

새 노래로 여호와께 노래하라 온 땅이여 여호와께 노래할
지어다.
시편 96:1

두 사람 모두 시골의 작은 교회에서 부교역자로 사역을 하
고 있었고, 원함보다는 필요에 따라 지출을 하다 보니 경
제적으로 큰 어려움을 느끼지 못했다. 하지만 아이가 태어
나면서부터 필요가 생각보다 많아지기 시작했고, 아내가

더 이상 사역을 할 수 없는 지경에 이르면서 경제적 위기가 찾아왔다. 분유는 입에도 대지 않던 새온이 때문에 아내는 아이를 교회에 데리고 갈 수밖에 없었다. 하지만 사람들은 갓난아이를 교회에 데리고 와서 사역을 하는 엄마 전도사에 대해 수근거리기 시작했고, 어쩔 수 없이 새온이를 내가 사역하는 교회에 데려가기 시작했다. 주일은 아내와 아이 모두에게 너무 힘든 날이었다. 하루 종일 아무것도 먹지 않아 배고픔에 울고 있는 아이, 그 아이를 생각하며 젖을 물리기 위해 먼 길을 오가야 했던 아내. 아이가 태어난 해, 아내의 경력은 단절되었다. 뛰어난 재능을 가진 많은 여성 사역자들이 그렇게 사라지고 있었던 것이다.

당시 부교역자의 사례비 60만원. 이 돈으로 세 식구가 생활한다는 것은 불가능한 일이었고, 두 사람이 함께 일을 하기 위해 10개월밖에 안 된 아이를 영유아 전문 어린이집에 보내야 했다. 이제 막 걸음마를 시작한 때여서 아이들의 외부 활동이 있었고, 급하게 운동화를 준비해야 했다. 60만원을 쪼개고 쪼개서 생활하던 때라 도저히 운동화를 구입할 형편이 아니었다. 감사하게도 알고 지내던 전도사 부부가 분홍색 별이 그려진 신발 한 켤레를 건네 주었다. 아이의 첫 신발. 신발을 신은 아이가 아빠의 손을 꼬옥 잡고 뒤뚱거리며 걷는 모습이 사랑스러웠다. 그렇게 도착한 어린이집 신발장에 가지런히 놓여 있는 다른 아이들의 신발이 눈에 들어왔다. 고가의 새 신발들 사이에 뒤축이 닳아 놓여 있는 새온이의 운동화. 집에 돌아와 원망 섞인 기도를 드린다.

"이러려고 저를 부르신 겁니까?"

아내와 아이들에게 영웅이 되어야겠다고 다짐을 했다. 가족을 위해 내가 할 수 있는 일은, 아니 내가 해야 할 일은 무엇일까. Breadwinner는 한 가정의 생계를 책임지는 가장家長을 가리키는 영어 단어다. 가장은 식구가 직면하고 있는 빵Bread의 문제를 해결하는Winner 사람이다. 하지만 목회자들의 경우 대개 '청빈'을 강요당한다. 목사는 가난해야 한다는 통념이 만연하다. 매형이 새로 부임한 교회 사택에 들어가신 엄마는 목사 집이 이렇게 따뜻하면 안 된다며 보일러 온도부터 낮추시곤 한다. 엄마도 평생을 그렇게 목사의 아내로 사셨나 보다. 어려운 형편의 성도들을 기억하며 공감하던 아름다운 이야기는 어쩌다가 목사를 향한 요구가 되어 버린 것일까. 어느 선교사님은 버려진 소파를 주워 왔다가, 선교사 집에 어떻게 소파가 있을 수 있느냐며 선교비가 끊어진 웃지 못할 이야기를 가지고 계신다. 청빈을 강요당하다 보니 자연스럽게 목회자는 가족에게 희생을 요구하게 된다. 나는 목회자이기에 앞서 가장으로 책임감 있게 행동하고 싶었다.

영웅이란 자신이 할 수 있는 일을 해 낸 사람이다.
로망 롤랑Romain Rolland

여호수아서 22장을 보면, 요단의 동편인 길르앗과 아셀 땅에 머무르는 족속들의 이야기가 나온다. 그들은 바로 므낫세 반지파, 갓, 르우벤 지파다. 그런데 그들이 머문 요단의 동쪽은 하나님이 약속하신 가나안 땅이 아니다. 광야에서의 그 어려운 시간들을 통과해 왔는데 그들은 왜 요단을 건너가지 않았던 것일까? 민수기 32장에 그 이유가 나온다. 세 지파의 사람들은 모세에게 가서 이렇게 말한다.

그들이 모세에게 가까이 나아와 이르되 우리가 이곳에 우리 가축을 위하여 우리를 짓고 우리 어린아이들을 위하여 성읍을 건축하고 이 땅의 원주민이 있으므로 우리 어린아이들을 그 견고한 성읍에 거주하게 한 후에 우리는 무장하고 이스라엘 자손을 그곳으로 인도하기까지 그들의 앞에서 가고 이스라엘 자손이 각기 기업을 받기까지 우리 집으로 돌아오지 아니하겠사오며 우리는 요단 이쪽 곧 동쪽에서 기업을 받았사오니 그들과 함께 요단 저쪽에서는 기업을 받지 아니하겠나이다.

민수기 32:16-19

그러자 모세는 어찌하여 너희가 모든 형제들의 마음을 낙담케 하느냐, 라고 이야기한다. 세 지파의 이런 요구가 모든 백성의 마음을 낙담하게 했다는 말이다. 그런데도 그들은 자신들이 이런 요구를 할 수밖에 없는 이유를 말하는

데, 첫째는 그들이 가지고 있는 양 떼들을 위해서이고, 둘째는 아내와 아이들 때문이다. 생존과 소명 사이에서 흔들리는 거룩한 가장들의 마음이 어떤 것인지 알 것 같아 울컥하는 대목이다. 가나안 정복 전쟁은 나의 소명이고, 나의 부르심이다. 그래서 누구보다 앞장서서 전쟁을 치를 자신도 있다. 부르심에 순종하며 내딛는 발걸음에 어떤 어려움이 있더라도 감당하겠노라 다짐도 했다. 그런데 아이들은 무슨 잘못인가.

어릴 때부터 가장 많이 듣고 자란 말이 '목사 아들이, 선생 아들이'였다. 아버지가 목사고, 엄마가 선생이지 내가 목사고 선생이 아닌데도 사람들은 목사와 선생의 아들에게 이상한 기대감 같은 것을 가지고 있었다. 어느 누가 그런 기대에 부응하고 싶지 않겠나. 하지만 모든 목사의 자녀들이 사람들이 원하는 목사의 자녀다운 모습으로 성장하는 것은 아니다. 우스갯소리로 유치장에 절반이 '요한이, 요셉이'라는 말도 있다. 그들은 '목사 아들이'라는 말을 들으며 자라야 했던, 모든 문제가 자기 자신에게 있다며 자책하던 아이들이 아니었을까. 그런 우리 어린아이들을 위하여 가장Breadwinner으로 책임감 있게 행동하는 모습은 결코 비난받을 일이 아니다. 나의 부르심, 나의 소명 때문에 함께 어려움을 이겨 내고 있다면 그것에 감사해야 할 일이지, 가족에게 희생을 요구하는 것을 당연한 것으로 여겨서는 안 된다.

나에게 생존과 소명은 어느 하나 포기할 수 없는 중요한 문제다. 아이들을 요단강 동편에 남겨 두고 가나안을 정복하러 나가는 심정으로 일자리를 구하기 시작했다. 마음만 먹으면 금방이라도 직장이 구해지고, 경제적으로 안정적인 생활이 가능할 것이라 생각했다. 하지만 작성한 이력서가 100통이 넘어가면서, 목사가 되기 위해 한 공부가 먹고살기 위한 직업을 갖는 데 아무 도움이 되지 않는다는 사실을 깨닫게 되었다. 그나마 지원 가능한 일들은 한 사람이 한 달을 열심히 일해도 한 가족이 한 달을 살아 내기 어려운 조건의 일들이 대부분이었다. 먼저 취업에 성공한 아내의 기뻐하는 모습을 보면서 마냥 기뻐하고만 있을 수 없었다.

눈물을 흘리며 씨를 뿌리는 자는 기쁨으로 거두리로다. 울며 씨를 뿌리러 나가는 자는 반드시 기쁨으로 그 곡식 단을 가지고 돌아오리로다.

시편 126:5-6

계속되는 실패. 눈물을 흘리며 씨를 뿌리러 나갈 수밖에 없는 자들에게 정말 기쁨으로 단을 거두는 날이 올까, 하는 의문이 들었다. 나의 믿음 없음을 자책하기도 했다. 결국 인테리어 목수 일을 하시는 형님에게 도움을 청했다. 모든 것이 생경한 공사 현장에서 나는 스스로 할 수 있는 일이 하나도 없는 어린아이와 같았고, 그런 나를 사람들은 '유아화'하기 시작했다. 자신들은 가르치는 사람(어른)이고 나는 배우는 사람이기에 나는 그저 그들에게 별 쓸모없는 존재일 뿐이었다. 그렇게 아이 취급을 받는 날들의 연속이었지만 나는 영웅이 되기 위해, 빵의 문제를 해결하기 위해 현장으로 향하는 발걸음을 멈추지 않았다. 아니 멈출 수 없었다. 종종 사람들이 묻는다. 목수 일을 하면서 가장 힘든 점이 무엇이냐고 말이다. 아마도 노동의 강도를 염두에 두고 하는 질문일 것이다. 하지만 목수 일의 힘듦은 다른 데 있다. 먼저는 이번 현장이 끝나면 투입될 수 있는 다음 현장이 언제 생길지 모른다는 두려움이고, 다음은 매번 다른 곳으로 출근해야 한다는 불안정함이었다. 지금은 많이 익숙해져서 매번 다른 곳으로 출근하는 일이 그렇게까지 힘들진 않지만 처음엔 그렇지 않았다.

특히 처음 일을 배울 때, 우리 가족이 지내던 곳이 양평이었기에 출퇴근 자체가 보통 일이 아니었다. 현장 일을 하는 분들에게 양평은 출퇴근하며 일을 할 수 없어 숙식을 제공해 줘야만 공사를 진행할 수 있는 지역이다. 그런 곳에서 2년을 대중교통을 이용해 일을 다녔다. 공사가 시작되기 전날 반장님이 현장 주소를 보내 주시면 일을 시작하는 시간 전까지 도착할 수 있는 곳인지를 먼저 검색한다. 양평까지 아직 지하철이 들어오지 않았던 때라 새벽 4시 50분에 청량리로 출발하는 무궁화호 기차를 타지 못하면 현장으로 갈 방법이 없었다. 한 손에는 연장 가방, 다른 한 손에는 작업복 가방을 들고 기차에 오른다. 청량리까지 가는 길은 익숙한 길이기에 긴장을 풀고 부족한 잠을

채웠다. 오전 8시에 작업이 시작되지만 보통은 30분 전에 미리 현장에 도착해서 작업 준비를 마치는 것이 룰이기에 항상 분주히 발걸음을 옮겼다. 익숙한 얼굴들이 나를 반겼다.

"어서와."

아직 일을 시작한 것도 아닌데, 오후 3시의 몸 상태다. 벌써부터 걱정이 들어찼다.

'종일 일을 하고 집에는 어떻게 돌아가지?'

종일 육체노동을 하고 집으로 돌아가는 퇴근길은 또 다른 출근길이었다. 세 아이를 돌보는 일은 오롯이 우리 부부의 몫이다. 도와줄 사람 하나 없다. 아내와 단둘이 영화를 본 게 언제더라. 서둘러 샤워를 하고 저녁 밥상을 차린다. 머릿속은 온통 빨리 하루를 마무리하고픈 생각뿐이다. 밥은 먹지 않고 떠들고 돌아다니는 아이들에게 공연히 짜증을

낸다. 큰아이의 학교 학부모 참여 수업에 참석한 적이 있다. 선생님은 아이들에게 '집에서 가장 많이 듣는 말'과 '집에서 가장 많이 하는 말'을 발표하라고 하셨다. 참석한 모든 부모가 조마조마하고 있는데, 우리 아이가 손을 번쩍 들고는 발표했다. 새온이가 가장 많이 듣는 말은 "빨리 먹어", 그리고 가장 많이 하는 말은 "먹고 있어"라고 했다. 모두가 깔깔거리며 웃었지만 나는 웃을 수 없었다. 빨리 밥을 먹이고, 집안을 정리하고, 아이들을 씻기고, 빨리 하루를 마무리하고 싶은 마음에 아이들을 다그치기만 하는 나쁜 아빠가 되어 버렸기 때문이다. 그날, 아이들을 잠자리에 눕히고 함께 기도를 드렸다.

"하나님, 우리 모두 내일은 오늘보다 좀 더 나은 사람이 될 수 있게 해 주세요."

아이들을 겨우 재우고 거실로 나와 읽고 있던 책을 폈다. 누군가 독서의 시간은 '훔치는 시간'이라고 했는데, 내가 훔칠 수 있는 시간은 많아야 한 시간 정도였다. 그마저도 아이들을 재우다 함께 잠이 들어 알람 소리에 깨는 날이 더 많았다. 종종 사람들이 묻는다.

"설교 준비는 언제 하세요?"

아이들이 다 잠이 든 거실에서, 출퇴근 지하철에서, 점심을 먹고 쉬는 중간중간, 오늘도 나는 시간을 훔쳐 낸다.

낯설게 불리며
알게 된 것들

먹고살아야 했고, 그래서 목수 일을 배워 보겠노라며 호기롭게 현장에 나갔지만 현장은 너무도 낯설었다. 그들의 언어를 이해할 수 없었다. 부천에 살던 어린 소년이 마산으로 전학을 갔을 때, 사투리를 사용하는 친구들의 말을 이해하는 데 6개월이나 걸렸던 것처럼. 꿔다 놓은 보릿자루라고 하지 않던가. 처음 현장에 나간 나의 모습이 꼭 그랬다. 모두가 바쁜데, 나만 뻘쭘하게 서 있었다. 아직 아무 기술을 가지고 있지 않았기에 내가 주로 한 일은 허드렛일이었다. 무거운 것을 나르거나 현장을 깨끗하게 정리해야 할 일이 생기면 어김없이 나를 불렀다.

"어이, 거기, 야."

낯선 호칭에 그것이 나를 부르는 말인지 몰라 멀뚱하게 서 있을 때가 다반사였다. 그럴 때면 반장님이 씩씩거리며 내게로 오셨다.

"부르면 대답을 해야지."

그때야 비로소 내가 '어이, 거기, 야'라는 사실을 알게 되었다. 나이가 마흔이 넘은 것도, 세 아이의 아버지라는 사실도 이 현장에서는 중요하지 않다. 그 당시 나는 별로 유쾌하지 않았다. 나를 '목사님'이라고 불러 주지 않았기 때문이 아니다. 현장에서 오직 나만 '어이, 거기, 야'로 불렸기 때문이다. 한나 아렌트는 권력을 가리켜 우리를 만드는 힘이라고 말했다. 어쩌면 우리 모두는 '나와 너', '우리와 너희'라는 눈에 보이지 않는 선을 그어 놓고선 '너와 너희'를 경계 밖으로 밀어 버리는 데 익숙해 있는지도 모른다. 그렇게 그어진 무수히 많은 선이 있고, 나도 그중 하나의 (현장이라는) 선 밖에 머물러야 하는 환대받지 못하는 이방인일 뿐이었다. 이런 배제는 어디서 비롯한 것일까?

아담이 그의 아내의 이름을 하와라 불렀으니 그는 모든 산 자의 어머니가 됨이더라.
창세기 3:20

하나님이 보시기에 좋았던 창조는 창세기 3장에 이르러 큰 위기를 맞게 된다. 흔히 타락이라고 부르는 이 사건을 통해 하나님은 인간에게 저주를 내리신다. 여기서 주의 깊게 살펴보아야 할 것은 저주를 받은 후 아담이 가장 먼저 한 행동이다. 동물들에게 이름을 붙여 줬던 아담은 이제 여자에게 이름을 붙여 준다. 호주의 신학자 마이클 카든은 이 본문을 다음과 같이 해석한다.

이름을 지은 것은 흙 피조물이 자신을 동물과 구별하고 동물에게 지배권을 주장하는 행동이다. 여자에게 이름을 지음으로써 남자는 여자를 동물의 지위로 낮춘다.

마이클 카든Michael Carden

인류 역사를 살펴봐도 남성은 항상 규정하는 자로, 여성은 규정당하는 자로 자리해 왔다. 규정하는 자들에게 규정당하는 이들의 생각 따위는 안중에 없다. 첫째 아이를 낳기 전만 하더라도 '전도사님'이라고 불리던 아내였지만 남편이 사역하는 교회에 출석하기 시작하면서 '사모님'으로 불리게 되었다. '어이, 거기, 야'만큼이나 낯선 호칭이다. 규정하는 자들에 의해 아내는 사모님이 되어야 했다. 새로운 예배 공동체를 시작하며 아내는 한 가지만 약속해 달라고 했다.

"나를 사모님이라고만 부르지 말아 줘."

일본에서 선교 활동을 한 그리피스는 1900년도 초 한국 여성의 지위와 역할을 목격하고는 이렇게 기술한다.

한국 여성에겐 이름이 없다. 어렸을 때는 가족이나 친한 친구들 사이에 부르는 별명이 있으나 처녀가 되면서부터는 부모가 아니면 그 별명도 부르지 않는다. 바깥사람들에겐 그저 아무개 딸, 아무개 누이로 불린다. 결혼 후에는 아예 이름이 묻혀 버린다. 철저하게 이름 없는 존재가 된다.
윌리엄 엘리엇 그리피스W. E. Griffis

선교사의 눈에 한국 여성은 중노동에 시달리는 집안의 노예와 다를 바 없었고, 그런 여성의 노예적 현실을 그들의 '이름 없음'에서 찾았다. 100년이 훌쩍 지나 버린 지금 이곳의 사정은 어떠한가? 오늘날에도 여성들은 이름을 잃어버린 채 남성의 아내로, 아이의 엄마로만 규정당하고 있는 것이 현실이다. 이름은 단순한 호칭이 아니다. 성경은 이름이 갖는 실존적 의미를 강조한다(창 2:19-20). 이름 없는 존재라는 말은 곧 존재 의미를 상실한, 존재 가치가 없는 사람이라는 경멸의 의미를 갖는다. 현장에서 '어이, 거기, 야'로 불리던 나는 동료가 아닌 경멸의 대상일 뿐이었다.

오후 세 시의 기도 시간이 되어서 베드로와 요한이 성전으로 올라가는데, 나면서부터 못 걷는 사람을 사람들이 떠메고 왔다. 그들은 성전으로 들어가는 사람들에게 구걸하게 하려고, 이 못 걷는 사람을 날마다 '아름다운 문'이라는 성전 문 곁에 앉혀 놓았다. 그는 베드로와 요한이 성전으로 들어가려는 것을 보고 구걸을 하였다. 베드로가 요한과 더불어 그를 눈여겨보고 그에게 말하였다. "우리를 보시오!" 그 못 걷는 사람은 무엇을 얻으려니 하고, 두 사람을 빤히 쳐다보았다. 베드로가 말하기를 "은과 금은 내게 없으나, 내게 있는 것을 그대에게 주니, 나사렛 예수 그리스도의 이름으로 [일어나] 걸으시오" 하고, 그의 오른손을 잡아 일으켰다….

사도행전 3:1-7

여기 아름다운 문이라는 이름을 가진 성전 문 곁에서 구걸을 하고 있는 사람이 있다. 성경은 그를 '나면서부터 못 걷는 사람'이라고 소개한다. 지금도 그렇지만 장애를 가진 사람들이 할 수 있는 일은 제한적이다. 특히 당시에는 장애를 죄의 결과로 여겼으니 오죽했을까. 감히 성전 안으로 들어갈 수 없는 그의 자리는 성전 바깥에 있다. 있어야 할 자리를 규정해 주는 이들에 의해 그가 머물 수 있는 자리가 정해진 것이다. 나면서부터 못 걷게 된 사람은 부정한 자들의 자리인 아름다운 문 옆에 앉아 구걸하는 것 외에는 할 수 있는 일이 달리 없었다. 안타까운 사실은 그가 이 현실을 어쩔 수 없는 팔자^주 로 여기며 살아왔다는 것이다.

"베드로가 요한과 더불어 그를 눈여겨보고⋯."

약자를 돌보는 구조를 만들기 위해서는 약자를 외면하지 않고 돌아보는 시선이 필요하다. 억울한 일을 당했음에도 누구 하나 이야기를 들어주지 않아 삭제되는 목소리, 심지어는 존재 자체를 부정당하는 일들이 비일비재하다. 약자는 힘을 가지고 규정하는 이들에 의해 보이지 않는 존재가 된다. 광장으로 나가서 머리를 삭발하고 아찔한 70미터 높이의 굴뚝에 올라가야만 억울한 이야기를 들어주는 이 사회는 과연 공정한가. 왜 어떤 사람들은 죽음을 통해서만 드러나는 것일까. 1970년, 전태일의 죽음은 구의역의 김

군으로, CJ제일제당 현장실습생 김동준 군으로 이어지고 있다. 누구도 책임을 지지 않기에 반복되는 죽음이다. 구조의 문제는 책임을 지지 않는 일들의 반복 때문에 발생한다.

'나면서부터 못 걷는 사람'은 베드로의 시선에서 무엇을 느꼈을까. 경멸? 측은함? 그것이 무엇이든 자신을 눈여겨봤으니 오늘은 빈손으로 돌아가지는 않아도 될 것이라고 생각했을 테다. 그런데 베드로는 뜬금없는 말을 한다. "은과 금은 내게 없으나." 나면서부터 못 걷게 된 사람의 기대가 실망이 되는 순간이다. 하지만 실망하기에는 이르다. 베드로는 "내게 있는 것을 그대에게 주니"라며 이름 하나를 건넨다. 생각해 보라. 만일 베드로가 시혜의 차원으로 돈 몇 푼을 주었다면 그는 아마도 평생 구걸하는 삶을 살았을 것이다.

한국 선교 초기, 이름 없는 존재로 살아가던 여성들은 세례를 받으면서 이름을 지어 받았다. 세례를 받기로 결심한 여성 신도들에게 선교사가 세례를 주기 위해 "이름이 무엇이냐"고 물었을 때 대부분의 여성은 "이름이 없다"고

답했다. 남성들과는 달리 이름 없는 존재로 지내 온 여성들은 세례를 받으면서 '새 이름'을 선물받았는데, 이는 오랜 세월 착취와 폭력의 대상으로 살아야 했던 인권의 회복이요, 경멸의 대상에서 존재와 가치를 인정받는 순간이었다. 베드로가 나면서부터 못 걷게 된 사람에게 건네 준 이름은 경계를 허물고 서로를 사랑으로 메어 주는 줄이었던 것이다. 물론 우리가 살아가는 현실을 볼 때 자크 데리다의 말처럼 절대적 환대는 불가능해 보인다. 그럼에도 불가능성의 지평을 향해 한 발짝씩 앞으로 나아가는 이들을 통해 환대는 실제가 된다.

현장에서 보낸 시간이 어느덧 8년을 지나고 있다. 서로를 구별하고 경계 짓는 가느다란 선 하나를 겨우 걷어 내는 데 걸린 시간이다. 세상에 중요하지 않거나 당연한 존재는 없다. 원래부터 그랬던 존재는 없다. '어이, 거기, 야'라는 경멸과 무관심의 호칭을 넘어 서로의 이름을 불러 줄 때 거친 공사 현장에서도 인간다움은 사라지지 않을 것이다. 리베카 솔닛은 《이것은 이름들의 전쟁이다》에서 고대로부터 악마의 정확한 이름을 부르면 악마는 그 힘을 잃게 된다는 이야기를 하며, 정확한 이름을 부르는 것의 중요성을 강조한다.

무언가를 정확한 이름으로 부르는 행위는 숨겨져 있던 잔혹함이나 부패를 세상에 드러낸다. 혹은 어떤 중요성이나 가능성을 드러내기도 한다. 이야기를 바꾸는 일, 이름을 바꾸는 일, 새 이름이나 용어나 표현을 지어내고 퍼뜨리는 일은 세상을 바꾸려 할 때 핵심적인 작업이다.

리베카 솔닛Rebecca Solnit

우리가 모르는 이들의 이름을 부르는 일은 결국 이야기를 만드는 일이고 행동의 시작이다. 우리에게 낯선 새로운 언어(이름)를 알고 그 개념을 받아들이기 시작할 때 새로운 세상을 마주하게 될 것이다.

나쁜
일자리

악한 자가 잘된다고 해서 속상해하지 말며 불의한 자들이 잘 산다고 해서 시새워하지 말아라. 그들은 풀처럼 빨리 시들고, 푸성귀처럼 사그라지고 만다. 주님만 의지하고, 선을 행하여라. 이 땅에서 사는 동안 성실히 살아라. 기쁨은 오직 주님에게서 찾아라. 주님께서 네 마음의 소원을 들어주신다. 네 갈 길을 주님께 맡기고, 주님만 의지하여라. 주님께서 이루어 주실 것이다.

시편 37:1-5

첫째 아이가 초등학교에 입학을 하면서 풍족하지는 않더라도 부족하지는 않게 아이들을 키우고 싶은 마음에 맞벌이를 시작했다. 그런데 유치원을 다닐 때보다 아이의 귀가 시간이 빨라졌고, 혼자서 보내야 하는 시간이 늘어났다. 방법을 찾아야 했다. 마침 학교에서 '방과 후 학교'라는 맞벌이 가정 아이들을 위한 돌봄 프로그램이 있어서 신청을 하려고 알아봤지만 필요한 서류 목록을 확인하고는 우리 가정은 해당 사항이 없다는 사실을 알게 되었다. 분명히 두 사람 모두 일을 하고 있었기에 아이를 돌보는 데 어려움이 있었다. 그래서 학교에서 진행하는 프로그램에 혜택을 얻으려고 했던 것이다. 그런데 나의 직업은 일하고 있음을 증명하기 힘든 직업이었다. 그 흔한 재직증명서 하나 뗄 곳이 없었다. 그러고 보니 노동자들의 삶은 항상 그래 왔던 것 같다.

평창 동계 올림픽을 앞두고 숙식을 하며 6개월 정도 일을 했던 적이 있다. 공사 기간이 빠듯해서 목수만 열다섯 명이 투입된 제법 규모가 큰 공사였다. 처음 5개월 동안은 간조가 밀리지 않고 잘 지불되었다(계산, 지불 등의 의미를 지닌 일본어. 공사 현장에서는 보통 일주일에서 열흘, 길게는 보름을 주기로 임금을 정산해 준다). 그런데 공사가 다 끝나고도 마지막 한 달치 인건비가 지급이 되지 않는 게 아닌가 (하루 인건비가 25만원이니 한 달이면 450품이고, 총 인건비가 1억원이 훌쩍 넘는 금액이다). 공사가 마무리되고 일주일 안에는 인건비를 지급해 주는 게 보통인데, 인테리어 사무실에서는 전화를 피하기만 한다. 어렵게 통화가 되더라도 핑계를 대면서 지급 약속 날짜를 미루기만 한다. 지키지 못하는 약속만이 계속되면서 이건 아니다 싶어 노동청에 고소 고발을 하기로 마음을 모았다. 그런데 웃기는 건 피해를 입은 당사자들이 피해 사실을 입증해야 한다는 사실이었다. 6개월이나 그곳에서 일을 했지만 우리가 일했다는 사실을 명징하게 증명하기가 쉽지 않았다. 재직증명서 한 통이면 끝날 일을, 인테리어 사무실 측과 주고받은 문자 내용이나 평창에 있으면서 사용했던 카드 내역 등으로 증빙을 해야 했다. 우리의 억울함을 대신 이야기하고, 증명해 줄 변호사를 선임한 후에야 문제를 해결할 수 있었다 (민사가 아닌 사기로 형사 고발을 했다).

"인건비가 비싸서 공사를 못하겠다"는 말을 자주 듣는다. 정말 그럴까. 정말로 인건비가 문제일까. 사고로 병원에 입원한 적이 있다. 가해자는 배상 책임 보험에 들어 있었고, 보험사 직원이 나와 사고로 일을 하지 못한 것에 대한 보상을 해 주겠다고 했다. 도시 노동자 하루 임금을 대략 15만원으로 책정하는데, 한 달이면 22일을 일하는 것으로 인정해서 일당을 산출하니 11만원 정도다. 그러니까 통상적으로 육체노동을 하는 사람들이 한 달에 평균 22일 정도 일을 한다고 보는 것이다. 그럼 숙련된 기술자가 일당 25만원을 받는다고 할 때, 평균 한 달 수입이 500만원이 넘는다. 적지 않은 금액이다. 하지만 4대보험이나 퇴직금 같은 것은 기대조차 할 수 없다. 노동자가 한 달에 몇 일을 일하는지, 그래서 그렇게 번 돈으로 한 달을 사는 데 부족하지는 않은지, 그런 것에는 아무 관심이 없다. 그냥 인건비가 비싸다고만 할 뿐. 일당으로 받는 25만원, 그것은 노동자들의 생계를 유지하기 위해 보장받아야 할 최소한의 금액이다.

잠시 쉬는 시간에 한 반장님이 말한다. "안정적으로 월급 300만원만 받을 수 있다면 지금이라도 이 일을 그만두겠어." 그러자 모두가 고개를 끄덕인다. 공사에 필요한 자재 대금은 어쩔 수 없는 것이라 생각하면서도 인건비는 깎을 수 있다는 생각은 어디서 비롯한 것일까. 마이클 샌델은 그의 책《돈으로 살 수 없는 것들》을 통해 돈에게 무한한 자유를 허락한 결과, 인간의 가치마저 돈으로 측정되는 현실을 경고한다. 합판 한 장의 가격처럼 노동자의 가치도 한 품 가격으로 매겨진다. 그리고 그것이 비싸다는 말은 그 사람이 하는 일 혹은 그 사람 자체의 가치가 없다는 말이며, 그에 대한 존중 없음을 드러낸다. 이오덕은《민주교육으로 가는 길》에서 이렇게 말한다.

자기가 해야 할 일을 하지 못하고 남에게 맡겼을 때는 그 일을 대신 해 주는 사람에게 그에 대한 대가를 치러야 하며, 그 사람에게 진심으로 고마워하고 존경해야 한다.
이오덕

고마움과 존경은 바라지도 않는다. "공부하지 않으면 저 아저씨처럼 되는 거야"라는 말이라도 듣지 않았으면.

그는 돼지가 먹는 쥐엄 열매라도 좀 먹고 배를 채우고 싶은 심정이었으나, 그에게 먹을 것을 주는 사람이 없었다. 그제서야 그는 제정신이 들어서, 이렇게 말하였다. "내 아버지의 그 많은 품꾼들에게는 먹을 것이 남아도는데, 나는 여기서 굶어 죽는구나."

누가복음 15:16-17

누가복음 15장에 기록된 잃어버린 아들의 비유를 보면, 아버지의 재산을 전부 탕진해 버린 둘째 아들은 이주민 노동자가 되어 축산업에 종사하게 된다. 하지만 정당한 노동의 대가를 받기는커녕 제대로 된 식사도 제공받지 못하는 상황에 처하자 아버지를 떠올린다. "내 아버지의 그 많은 품꾼들에게는 먹을 것이 남아도는데…"라는 말은 아버지가 어떤 분인지를 보여 준다. 아버지는 종이나 품꾼을 차별하지 않는 분이었다. 아버지의 집에서는 주인에게 속해 있는 종(둘로스)뿐만 아니라 필요할 때만 불러 임금을 지불하고 고용된 품꾼(미스디오)에게도 풍족한 생활이 보장된다. 그러니까 요즘으로 따지자면 정규직뿐만 아니라 일용직 노동자라 할지라도 최소한 사람답게 살 수 있는 근무 환경이 보장되었던 것이다. 투투 주교는 자신의 저서 《God Has a Dream》에서 이렇게 썼다.

나에게는 하나님이 말씀하신 꿈이 있습니다. 하나님을 도와서 그 일을 이루어 달라고 하십니다. 그 일은 이 세상의 추함과 더러움과 빈곤이, 전쟁과 증오가, 탐욕과 거친 경쟁이, 소외와 불화가 변하여 그 반대가 되는 것이며 그 일은 웃음, 기쁨, 평화가 있게 될 때 그리고 정의와 선함과 연민, 사랑과 돌봄과 나눔이 있는 그곳에서 이루어질 것입니다. 나에게는 칼을 쳐서 보습을 만들고 창을 쳐서 낫을 만들어 하나님의 자녀들이 한 가족, 인류 공동체, 하나님의 가족, 나의 가족이라는 것을 알게 되리라는 꿈이 있습니다.

데스몬드 투투Desmond Mpilo Tutu

우리는 너무도 쉽게 백 마리 중 한 마리, 열 개의 동전 중 하나를 잊곤 한다. 버려져도 괜찮은 존재라고, 그래도 되는 사람이 있다고 생각한다. 아버지를 배반한 둘째와 같은 배은망덕한 이들에게 잔치는 가당치도 않다고 말한다. 하지만 누구 하나 소중하지 않은 존재는 없다. 이것이 기독교의 믿음이다. 우리가 함께 먹고 즐기는 것, 진짜 기쁨은 여기서 시작한다. 모두가 즐거워야 한다. 하지만 현실은 어떠한가.

설날이나 추석이 되면 거리를 오가는 사람들의 손에 선물 꾸러미가 들려 있고, 얼굴에는 행복이 묻어난다. 하지만 모두에게 연휴가 즐겁고 행복하기만 한 것은 아니다. 하루치 노동의 일당을 받아 생계를 유지하는 일용직 노동자들에게 쉬는 날은 수입이 없는 날을 의미한다. 때문에 연휴가 있는 달이면 수입은 줄고 지출이 늘어나 생계에 큰 어려움을 겪는다. 단순히 달력에 빨간색으로 표시된 날에 일을 하지 못해서 수입이 주는 것이 아니다. 연휴 전후로는 일을 구하는 게 쉽지 않기 때문이다. 공사 현장이 마무리가 되어 새로 일할 수 있는 현장을 알아보더라도 설이나 추석을 앞두고는 새로운 인부를 구하지 않는 경우가 대부분이다. 뿐만 아니라 연휴가 끝이 났다고 해서 바로 새로운 현장을 구할 수 있는 것도 아니다. 정말 최악의 경우는 한 달 가까이 일을 하지 못할 때도 있다.

부교역자 시절, 명절이면 이것저것 챙겨 주시던 성도님들의 섬김을 당연시한 그때를 떠올리니 부끄럽기 그지없다. 소위 말하는 떡값 같은 것은 언감생심, 누구 하나 그 흔한 선물 상자를 챙겨 주는 이가 없다. 그나마 연휴 전에 일을 할 수 있어 부모님과 조카들에게 적게나마 용돈을 줄 수 있다면 그것으로 족하다. 일이 힘든 게 아니다. 일이 없을까 봐 힘들다. 그래서 일이 있으면 무조건 한다. 언제 일이 생길지 모르니 나를 불러 주면 어디든 간다. 몸이 아파도, 좀 쉬고 싶어도 일이 있으면 무조건 해야 한다.

"요즘 젊은 사람들은 힘든 일을 하지 않으려고 해."

정말 그럴까. 일이 힘들어서 안 하려는 것일까. 어찌어찌 현재의 삶은 지탱할 수 있을지 모르지만 미래에 대한 확신을 줄 수 없는 일을 해야 하는 것에 대한 두려움이 더 큰 것이다. 현장에서 보면 가장 힘들게 일하시는 분의 일당이 가장 적다. 모두가 하기 싫어하는 일들이 그들의 몫이다. 위험한 일, 더러운 일, 힘든 일을 시키면서 돈은 가장 적게 준다. 이렇게 힘들게 일했건만 누군가에게 자신의 몫을 빼앗긴다. 그래도 아무 말 못한다. 일을 시켜 준 것만으로도 고마워하라고 한다. 그래서 감지덕지 일당을 받으면 연신 고개를 숙이며 감사하다고 인사를 한다. 또 불러 달라고. 권정생 선생은 《우리들의 하느님》에서 "직업은 달라도 품삯은 같아야 한다"고 말한다.

처음 일을 배우기 시작했을 때는 나를 불러 주는 현장이 많지 않아 고층 건물 옥상 쪽에 몰딩을 돌리는 일을 했다. 하루는 지방의 일이 나왔다며 일주일 정도 생각해 보고 짐을 챙겨 오라는 권유를 받았다. 현장은 부산이었다. 해운대였는지 광안리였는지 잘 기억이 나지 않지만 어쨌든 해변 바로 앞에 짓고 있는 20층이 넘는 빌딩이 내가 일할 곳이었다. 옥상으로 올라가 곤돌라(고층 건물의 옥상에 설치하여 짐을 실어 오르내리는 데 사용하는 운반 기구)를 설치하고 23층 건물 밖으로 몸을 내던졌다. 바닷바람 때문인지 벽에 밀착이 잘되지 않았다. 건물 아래를 쳐다보지 않

으면 덜 무섭겠지 하는 생각에 곤돌라의 삼면을 합판으로
가렸더니 바람의 저항이 심해져 훨씬 많이 휘청거렸다. 떨
어지지 않으려 온몸에 힘이 들어가니 일의 진척이 더뎠다.
곤돌라에 오른 사람은 가장 경력이 짧고, 일당을 가장 적
게 받는 나였다. 너무 무섭고 일이 하기 싫어 그날 저녁 온
몸에 알이 배긴 채로 짐을 챙겨 숙소에서 도망 나왔다. 집
에 가는 교통편을 알아보고 있는데, 아내와 아이들의 얼굴
이 떠올랐다.

'이렇게 돌아가면 책임감 없다고 소문이 나서 다음 현장에
나를 불러 주지 않을 텐데….'

동료들이 잠들 때까지 거리를 헤매다 다시 숙소로 들어갔
다. 마음만 먹으면 할 수 있는 일이 많다지만 현재의 삶을
유지하기란 어렵고, 미래에 대한 희망을 가질 수 없는 나
쁜 일들만이 남아 있는 현실이 원망스러웠다. 부스러기 같
은 일들만 내 앞에 있었다. 그런데 그런 일이라도 할 수 있
으니 감사하라니. 한 사람의 노동이 한 가정의 생계를 책

임질 수 없는 사회가 정상적인 사회인가? 끊임없이 경제는 성장해 왔다는데 가정의 살림살이는 자꾸만 나빠진다. 한 사람의 노동으로는 부족해서 맞벌이로 내몰리고, 아이들은 방치되는 일들이 반복된다. 그마저도 이제는 맞벌이로도 살아가기 어려워 한 사람이 두 개 이상의 직업을 가져야만 한다. 벌이가 시원찮아 소비가 위축되니 이번엔 좋은 일자리를 가진 이들이 빚을 권한다. 차와 집을 미리 줄 테니 열심히 벌어서 갚으란다. 이렇게 많은 사람이 빚의 노예가 되어 간다.

바울은 탐심, 그러니까 '더 가지려는 마음'을 '우상 숭배'라고 말한다. 내가 더 가지려고 타인의 것을 빼앗고, 내가 더 높이 오르려고 타인을 짓밟는 것은 돈을 하나님처럼 여기기 때문이다. 목수 일을 시작한 지 얼마 되지 않았던 때, 너무 오랫동안 일을 하지 못하면 동네 인력사무소를 찾아야 했다. 무거운 물건을 나르거나 단순하게 힘을 써야 하는 일이 대부분이라 항상 가지고 다니던 '못 주머니'(줄자, 칼, 헤라 등 일할 때 필요한 도구를 담는 허리춤에 차는 도구)는 집에 두고 나왔다. 아직 새벽 6시가 되지도 않았는데 인력사무소 전화는 쉬지 않고 울린다. 어디에 몇 명이 필요한데 젊은 사람들을 보내 달라고 한다. 가만히 둘러보니 일을 구하러 온 사람들 중 절반은 나가야 내 차례가 올 듯하다.

마태복음 20:1-16을 보면, 포도원 품꾼들에 관한 이야기가 나온다. 주인은 이른 아침, 장터로 가서 자신의 포도원에서 일할 일꾼을 고용한다. 그런데 어찌된 일인지 그후로도 주인은 9시, 12시, 15시 그리고 하루 일과가 거의 끝나 가는 17시에 장터에 들러 일꾼들을 더 고용한다. 이상하다. 마치 일꾼들에게 일을 주기 위해 포도원을 운영하는 주인처럼 보인다. 해가 저물어 이제 일당을 정산해야 할 시간이 되었다. 가장 이른 시간에 노동에 투입된 품꾼은 주인이 가장 나중에 온 사람에게 1데나리온을 지불하는 모습을 보고는 속으로 생각한다. "약속한 것보다 더많이 주려는가 보다." 하지만 먼저 온 사람이나 나중에 온사람이나 동일한 임금을 지불하는 것을 보고는 주인을 원망한다. 논점은 한 시간밖에 일을 하지 않은 사람이 어떻게 하루 종일 일한 사람과 동일한 대우를 받을 수 있느냐는 것이다. 일견 타당한 원망처럼 들리는 게 사실이다. 그런데 일이 끝날 시간인 17시가 되어도 인력시장을 떠나지 못하는 사람은 어떤 사람일까. 오늘은 일이 없을 것이라며 모두가 떠난 그 자리에 남아 있을 수밖에 없던 이의 삶은 어땠을까.

주님, 이 세상에서 받을 몫을 다 받고 사는 자들에게서 나를 구해 주십시오. 주님께서 몸소 구해 주십시오. 그들은 주님께서 쌓아 두신 재물로 자신들의 배를 채우고 남은 것을 자녀에게 물려주고 그래도 남아서 자식의 자식들에게까지 물려줍니다.

시편 17:14

세상에 이렇게나
집이 많은데

선교 단체를 나와 신학교에 입학했다. 지내야 할 곳이 필요해서 알아보던 중, 서울에 있는 한 교회에서 신학생들에게 제공하는 기숙사가 있음을 알게 되었다. 기숙사라고 하지만 주변에는 무덤밖에 없는 조립식으로 지어진 건물 두 동이 전부였다. 여름에는 선풍기조차 뜨거운 바람을 내뿜고, 겨울이면 오히려 바깥이 더 따뜻한 그곳에서의 간난한 시간들이 아직도 생생하게 기억난다. 조립식으로 지어진 기숙사에서의 생활은 길지 않았다. 아내와 결혼을 하게 되면서 아내 혼자 지내던 원룸에 신혼살림을 차렸기 때문이다. 얼마나 좋았는지 모른다. 하지만 그것도 잠시 아내 혼자 지내던 곳에서 두 사람이 살림을 하다 보니 비좁은 감이 있어서 학교에서 멀지 않은 낡은 빌라로 이사를 했다. 그곳에서 첫째 아이가 태어났고 조금 더 나은 환경에서 아이를 키우고 싶은 마음이 있었지만 가진 것이라고는 보증금 500만원이 전부인지라 이사는 꿈도 꾸지 못할 일이었다.

그러던 중 LH에서 '신혼부부 전세자금대출'을 지원한다는 소식을 보고 곧바로 신청했는데, 얼마 지나지 않아 대출지원 대상자로 선정되었다는 안내를 받게 되었다. 그렇게 LH에서 빌린 7,000만원으로 살 집을 구하러 다니기 시작했다. 한 번도 만져 본 적 없는 큰돈이 있으니 당장이라도 집을 구할 수 있을 것이라고 생각을 했지만 현실은 달랐다. 우선은 집 주인들이 LH와 계약하는 것 자체를 꺼렸으며, 조건에 맞는 집을 찾기도 어려웠다(일정 금액 이상의 담보가 설정이 되어 있으면 지원 자체가 불가했다). 뿐만 아니라 조건에 맞는 집을 구하더라도 LH로부터 승인을 받아야 했기에 만일 승인이 떨어지기 전에 다른 사람이 계약을 해 버리기라도 하면 다시 다른 집을 알아봐야 했다. 어른들이 말하던 '집 없는 설움'이 무엇인지 그때 배웠다. 겨우 세 식구가 함께 지낼 수 있는 집을 구했지만 계약 기간

(2년)은 왜 그리도 빨리 지나가는지.

그때쯤이었던 것 같다. 뉴스에서 '전세 대란'이라는 말이 자주 등장했다. 재계약을 6개월을 앞둔 어느 날, 재계약 자격 심사에 필요한 서류를 보내라는 연락을 받았고, 다행히 자격이 유지되어 살고 있는 집과 계약을 연장하든지 아니면 새로운 집을 알아봐야 했다. 집주인에게 전화를 걸어 이곳에서 더 살아도 되는지를 물었다. 돌아온 대답은 "계속 살고 싶으면 전세금을 올려 달라"는 것이었다. 당시 집주인들은 돈이 안 되는 전세 대신 월세를 요구하기 시작했고, 우리 가족은 예산에 맞는 더 낡고 불편한 집을 찾아야 했다.

너희가, 더 차지할 곳이 없을 때까지, 집에 집을 더하고, 밭에 밭을 늘려 나가, 땅 한가운데서 홀로 살려고 하였으니, 너희에게 재앙이 닥친다!
이사야 5:8

생각해 보면 어릴 적, 우리 집도 월세로 살았지만 지금처럼 자주 이사를 다니지는 않았던 것 같다. 이사를 가더라도 다른 이유에서였지 보증금을 올려야 하기에 이사를 했던 기억은 별로 없다. 하지만 지금은 전세 계약 기간이 지나면 수천만 원씩 보증금을 올리는 것이 당연한 일이 되었다. 열심히 일하고, 아껴 최소 한 달에 100만원 정도는 모아야 2년 뒤에 다른 집으로 이사를 하지 않을 수 있다. 모든 노동의 결과가 겨우 지금 사는 집에서 계속 사는 것이라는 사실이 서글프다. 신명호의 책《빈곤을 보는 눈》을 보면 한국의 빈부 격차가 점점 벌어지고 있음을 알 수 있다. 특히 주택과 토지의 경우 소유가 소수에게 편중되어 있고 그 불평등의 정도가 날로 심해지고 있다. 얼마나 불평등한지 알기 위해서는 정부의 부동산 통계 자료를 살펴보아야 하는데, 가장 최근의 자료가 주택이 2005년, 토지가 2007년의 것이다. 그 이후로는 정부가 통계를 작성하지도, 발표하지도 않았다.

10년의 차이가 나는 자료를 토대로 살펴보았을 때, 전체 인구 중 7%의 사람들이 전체 주택 수의 3분의 1 이상을 소유하고 있으며, 27%의 사람들이 사유지의 99%를 소유하고 있다. 새로 짓는 주택의 대다수가 기존 집 부자들의 몫이 되고 있으며, 토지 소유 편중 현상은 갈수록 심해지고 있다.

신명호

둘째가 태어나고 계약 기간이 만료되어 집을 구하러 다녔지만 결국 계약 기간이 다 지나도록 집을 구할 수 없었다. 집을 비워 줘야 하는 날은 다가오는데 집은 구해지지 않아 창고를 빌려 짐을 맡기고, 아내와 아이들은 부모님 댁으로 가기로 했다. 처지가 안쓰러웠는지 부모님께서 3,000만원을 빌려줄 테니 집을 알아보라고 하신다. 아프리카에 우물을 만들어 주기 위해 모아 두셨던 돈을 아들네 주거를 위해 내놓으신 것이다. 1억원이라는 돈을 들고 의기양양하게 공인중개사를 찾았다. 돈은 충분하니 내가 살기 원하는 지역, 집의 크기, 방의 개수 등을 이야기해도 된다고 생각했다. 하지만 공인중개사는 말한다. "그 돈으로 집 구하기 힘들어요. LH라면 더더욱." 1억을 모으려면 일 년에 1,000만원씩 10년을 모아야 한다. 복권에나 당첨되어야 가질 수 있는 돈이라고 생각했는데 그 돈으로도 집을 구할 수 없다니.

'세상에는 이렇게나 집이 많은데, 왜 우린 살 집이 없는 걸까? 저 많은 집에 살고 있는 사람들은 어떻게 1억원이 넘는 돈을 가지고 있는 걸까? 아니, 가지고 있기나 한 것일까?'

자본주의는 쉽게 말해 돈이 최고라는 뜻이다. 그러다 보니 자본주의 사회에서 모든 목적은 더 많은 소유에 집중된다. 그런데 한번 생각해 보라. 물건과 물건을 교환하던 시절, 개인이 소유할 수 있는 재산은 어느 정도였을까. 소나양 같은 가축을 얼마나 소유할 수 있었을까. 그것이 아무리 많더라도 한계라는 것이 존재할 수밖에 없었다. 그러니까 소유는 원래 유한한 것이어야 한다. 그런데 '돈'이라는 것이 생겨 나면서 사람들은 소유를 '무한'한 것으로 착각하게 되었고, 돈은 하나님과 경쟁하는 지경에 이르렀다.

…너희는 하나님과 재물을 함께 섬길 수 없다.

유한한 것에서 무한한 것으로 바뀐 돈은 모든 가치의 기준
이 되어 버렸다. 세상에 존재하는 모든 것에는 돈으로 환산
할 수 없는 내적 가치가 있음에도 말이다. 그 사람이 어떤
일을 하는지보다 돈을 얼마나 버느냐가 더 중요한 가치가
된 것이다. 원룸에서 이사한 낡은 빌라 주차장에서 이웃 간
에 싸움이 벌어진 적이 있었다. 아마도 주차 문제로 시작된
다툼으로 보였다. 한 분은 태권도장을 운영하는 관장님이
고, 다른 한 분은 건설 현장에서 일을 하시는 분이었다. 몸
싸움으로 이어지지는 않았지만 말로 상대를 때렸다.

"야, 너 한 달에 얼마 버는데?"
"너보단 많이 벌어!"

생명의 경제학자 러스킨은 '부'라는 것은 마치 전기와 그
성질이 유사해서 오직 불평등과 격차에 의해서만 발생하는
법이라고 말했다. 다른 사람을 지배하는 위치에 서서 차이

를 벌리게 될 때 생겨나는 것이 부이기에, 부를 가진 사람들은 다른 사람들 위에 군림해도 된다고 생각하게 되는 것이다. 그렇다면 돈은 나쁜 것인가? 성경은 돈 자체를 나쁘다고 말하지 않는다. 나쁜 것은 돈을 사랑하는 마음이다.

돈을 사랑하는 것이 모든 악의 뿌리입니다….
디모데전서 6:10

돈을 사랑함이 없이 살아야 하고, 지금 가지고 있는 것으로 만족해야 합니다….
히브리서 13:5

사람들은 흔히 사랑이 없는 것을 문제라고 생각한다. 하지만 진짜 문제는 사랑 없음이 아니라 잘못된 사랑에서 발생한다. 하나님보다 돈을 더 사랑하는 것, 자기만 사랑하는 것, 충분히 사랑하지 못하는 것이 문제다. 그리고 지나친 사랑(탐심, 탐욕, 음란 등) 또한 문제다. 우리의 잘못된 사랑이 돈이 전부라고 말하는 괴물 같은 세상을 만들어 버린 것이다.

셋째가 태어났다. 사람들은 우스갯소리로 우리를 '애국자'라고 부르지만 하나도 웃기지 않다. 아이를 키우는 것은 오롯이 우리 부부만의 몫이기 때문이다. 대중교통을 이용해 출퇴근이 가능한 곳으로 이사를 가기로 했다. 대중교통이 편리하다는 것은 그만큼 집값이 비싸다는 것을 의미한다. 전세에서 반전세로, 다시 월세로. 2년마다 열악한 조건과 환경으로 이사를 해야 했다. 그래도 한 달에 평균 열흘 남짓 하던 일이, 대중교통을 이용할 수 있게 되면서부터 보름 정도로 늘었다는 사실에 안도하기도 했다. 이사를 할 때마다 아이들은 전학을 가야 했고, 이를 어쩔 수 없는 일로 받아들였다. 하지만 그때는 잘 몰랐다. 새로운 환경에 적응하는 일이 아이들에게 얼마나 힘든 시간이었는지를.

친구들이 보고 싶다며 전에 살던 집으로 다시 가자고 떼를 쓰면 혼을 내기 바빴다. 혼날 일이 아닌데도 말이다. 그래도 둘째는 선생님들이 잘 적응하는 것 같다고 하길래 그런 줄만 알았다. 그런데 지금 와서 생각해 보니 밤에 깊게 잠들지 못하고 소리를 (거의 비명을) 지르다 울면서 깨던 때가 있었는데, 그게 이사를 하고 나서 얼마 동안이었던 것 같다. 그렇게나 힘들었는데 아무렇지 않은 것처럼 유치원을 오갔다니. 식당 놀이방에서 만난 친구들과 헤어질 때도 아쉬워하던 아이들이었는데, 이제는 새로운 친구를 사귀려 하지 않는다. 친구에도 유효 기간이 있다고 생각하는 것 같다.

영끌. 김포 외곽에 집을 구입하기로 했다. 2년마다 전학을 다녀야 하는 아이들에 대한 미안함 마음이 컸다. 2억원짜리 집을 사기 위해 1억 6,500만원을 빌렸고, 30년 동안 원금과 이자를 갚아야 했다. 계산을 해 보니 원금보다 이자가 더 많다. 집에 대한 거의 대부분의 지분이 은행에게 있음에도 집은 공식적으로 내 소유가 되었다. 더 이상 집 없는 설움을 당하지 않게 되었다고 마냥 좋은 일만은 아니다. 집을 소유함으로써 건강 보험료가 올랐고, 지원받던 혜택들이 종료되었다. 지출은 늘었는데 지원은 줄었다는 말이다. 이게 맞는 건지, 경제에 밝지 못한 나로서는 뭐가 뭔지 도통 모르겠다. 그래도 아이들이 전학을 다니지 않아도 되고, 벽에 TV를 달아도 된다는 사실에 히죽거린다. 첫째 아이가 친구 집에 다녀와서는 "우리도 벽에 TV를 달자"
고 한 적이 있다. 설명을 해 줘야 했다.

"벽에 TV를 달려면 벽을 뚫어야 하는데, 우리 집이 아니라
그럴 수 없어."

우리가 살고 있는데, 우리 집이 아니었다. 아이는 벽에 달
린 TV를 보고 알았을 것이다.

'이제 이사를 가지 않아도 되는구나.'

선점된
언어 배우기

모든 것이 낯선 현장에서 어쩔 줄 몰라 하던 초보 목수 시절이 나에게도 있었다. 초보라는 말은 혼자서 할 수 있는 일이 하나도 없다는 뜻이기도 하다. 시키는 일을 해야 하기에 하루 종일 시키는 사람의 눈치를 봐야 한다. 그러다가 오래도록 혼자서 할 수 있는 단순한 일이 주어질 때면 얼마나 마음이 편한지 모른다. 시키는 사람의 눈치를 보며 멀뚱하게 서 있느니, 몸은 힘들어도 차라리 혼자서 자재를 전부 나르라고 하면 그것만큼 편한 게 없다. 나는 언제쯤 혼자서, 알아서 일을 할 수 있게 될까? 바쁜 현장에서 차분하고 친절하게 일을 가르쳐 주는 사람은 없다. 소음이 심한 현장이라 큰 소리로 말하는 것인데도, 그것이 나를 향해 화를 내는 것이라는 생각에 주눅이 든다. 처음이라 모르는 게 당연한데, "그것도 몰라? 너 바보야?"라는 욕까지 들어야 한다. 안 그래도 처음 하는 육체노동이라 몸이 힘든데, 마음까지 지쳐 버린다. "확 그만둬?" 밖으로 절대 내뱉지 못할 말만 속으로 하루에도 수없이 되뇐다.

그런데 시간이 지나고 알게 되었다. 누구라도 처음 현장에 오면 어리바리할 수밖에 없다는 사실을 말이다. 말을 알아들을 수가 없다. 사시가네, 오가네, 자베, 덴조, 야리끼리, 대마찌, 대나우시, 스미…. 여기가 한국인지 일본인지. 현장에서 사용되고 있는 언어를 배워야 했다. "야 다루끼 좀 가져와." 도대체 다루끼란 무엇일까. 흔히들 말하는 각목을 목수들은 다루끼라고 부른다. 가로세로 30mm인 각재(요즘은 27*27). 다루끼의 정체를 몰랐지만 하루는 눈치로 그것을 가져다줄 수 있었다. 그런데 한 번은 투바이(30*70 소나무로 만든 각재)를 가져오란다. 급하게 인터넷 사전으로 검색을 해 봤지만 거기에도 나오지 않는 단어이기에 우물쭈물하고 있으니 버럭 화를 낸다. 좀 차분하게 설명을 해 주면 좋으련만. 현장의 기술은 '어깨 너머로 배

운다' 는 말이 있다. 이 말은 누구 하나 가르쳐 주는 사람
이 없다는 말이며, 알아서 배워야 한다는 말이다. 우선은
언어부터 배워야겠다는 생각에 핸드폰 메모장을 꺼내서
용어를 정리하기로 했다.

시간이 지나 목수들이 사용하는 용어에 제법 익숙해지
다 보니 다른 분야의 작업자들이 사용하는 용어도 귀에 들
어오기 시작했다. 공사 현장에서 사용되는 단어들의 대부
분이 일본 말이다. 그런데 하루는 도저히 어느 나라 말인
지 알 수 없는 생경한 단어를 듣게 되었다. 현장에서 심부
름은 초짜의 몫이다. 비싼 임금을 받고 일하는 기술자들이
자재를 구입하기 위해 현장을 떠나는 건 낭비이기에 혼자
서는 일을 하지 못하는 초짜가 대부분의 심부름을 맡는다.
하루는 도장 반장님이 수성 페인트 한 가롱만 사오라고 했
다. 앵무새처럼 '수성 페인트 한 가롱'을 되뇌며 페인트 가
게에 도착했다.

"사장님, 수성 페인트 한 가롱 주세요."

제법 현장에서 굴러먹은 사람인 것처럼 주문을 하고 건네받은 페인트 한 가롱을 들고 현장으로 복귀했다. 그런데 갑자기 궁금증이 생겼다. 통에 적혀 있는 글들을 다 읽어보아도 '가롱'이라는 단어가 없었다. 현장에 도착해서 도장 반장님에게 도대체 가롱이 뭐냐고 물었다. 그랬더니 부피를 재는 단위인 '갤런'이란다. 일본 사람들이 갤런을 가롱이라고 발음하고, 그게 노가다 현장에서 사용되는 단어가 되어 버린 것이다. 어이가 없고 황당했다. 대부분의 용어가 그렇다. 별것도 아닌 단어들인데, 자신들만 알아들을 수 있는 언어로 선점해 버린다. 그리고 그 언어를 사용할 것을 요구한다.

어디 노가다 현장만 그럴까? 일을 마치고 집으로 돌아가는 길에 에스컬레이터에서 갈비뼈 다섯 개가 부러지는 사고를 당한 적이 있다. 서울역이었는데 지하 3층에서 지하 6층으로 이어진 에스컬레이터였다. 나는 거의 다 내려간 상황이었는데 갑자기 뒤에서 캐리어가 종아리를 때렸고 중심을 잃으며 그대로 넘어졌다. 사고는 사건이 되어 민사에서 형사로 접수가 되었다. 사고를 당해 일을 할 수 없게 되었고, 그로 인해 피해를 입었으니 그에 맞는 보상을 해 달라고 말을 했다. 그런데 그렇게 말을 해서는 안 된다는 답변이 돌아왔다. 변호사나 손해사정인을 선임해서 그들의 언어로 다시 이야기를 해야 한다고 한다. 그냥 피해를 입은 사람이 손해까지 보면 안 되는 거 아니냐는 말을 하려는 것인데, 그 말은 반드시 자신들의 언어로 이야기되어져야 한다는 것이다. 실제로 재판을 받을 때, 변호사 선임 여부는 판결에 큰 영향을 미치기도 한다. 혼자서는 자신의 억울함을 말할 수 없는 법정이나, 혼자서는 알아서 일을 할 수 없는 노가다 현장이나 결국 언어를 선점한 이들이 힘을 갖는다. 그러다 보니 상대의 말을 듣지 않음이 힘이라고 오해하기도 한다. 하지만 성경은 상대의 말을 잘 듣는 것을 '지혜'라고 말한다. 성전 공사를 마친 솔로몬은 하나님께 제사를 드리고, 꿈에 나타난 하나님은 솔로몬에게 묻는다.

…내가 너에게 무엇을 주기를 바라느냐?….

열왕기상 3:5

그러자 솔로몬이 구한 것은 무엇인가? 대개 지혜를 구했다고 생각하지만 솔로몬이 하나님께 구한 것은 정확하게는 '듣는 마음'이었다. 하나님은 그 요구를 좋게 여기셨고 솔로몬에게 지혜를 주신다. 지혜를 얻은 솔로몬은 한 아이를 두고 서로 자신의 아이라고 우기는 두 여인의 이야기를 듣게 되었고, 모두가 두려워할 만한 판결을 내린다. 입에서 나오는 말뿐만 아니라 한 여인의 애타는 고통까지도 들을 수 있는 듣는 마음이 솔로몬에게 있었기에 가능한 일이었다. 더욱 놀라운 것은 이 여인이 창기라는 사실이다. 아마도 남편이나 아버지의 부재가 여인으로 하여금 몸을 팔아 생계를 유지할 수밖에 없는 상황으로 내몰았을 것이다.

가부장주의와 남성우월주의 사회에서 남편이나 아버지가 부재한 여성의 삶은 어떤 것이었을까. 십계명에 보면 이웃의 아내는 탐내지 말아야 할 소유물로서 남종, 여종, 소, 나귀 등과 같이 취급된다. 이렇게 여자는 남자의 소유물에 불과하며 아이를 낳기 위한 도구로 여겨질 뿐이었다. 그런데 한 나라의 왕인 솔로몬은 창기의 이야기에 귀를 기울였다. 이것이 하나님의 지혜다.

하지만 앞서도 이야기했듯이 힘을 가진 이들은 다른 언어로 이야기를 하면 들으려 하지 않는다. 아니 들을 필요가 없다. 자신들의 말(언어)이 '옳음'이고 '선'이기 때문이다. 문제는 내가 옳음일 때 상대는 틀림이 되며, 내가 선일 때 상대는 악이 된다는 현실이다. 그리고 틀림과 악은 없어져야 할 존재로 취급을 받는다. 아마도 그 시작은 사람들이 모여 탑을 쌓을 때부터였을 것이다. 노아를 기억하며 홍수에도 끄떡없는 높은 탑을 쌓아 보자며 의기투합한 그들이다. 하지만 하나님은 그것을 좋게 여기지 않으셨다. 다시는 물로 심판하지 않을 것이라고 말씀하셨지만 사람들은 아담이 그랬던 것처럼 그 말을 믿지 않았다. 공사를 멈춰야 했고, 하나님은 언어를 흩으셨다. 사람들은 서로의 이야기를 알아듣지 못하는 처지가 되었다. 어쩌면 들으려 하지 않게 된 것은 아닐까.

현장에서 사용하는 말 중에 '데나우시'라는 말이 있다. '재손질, 재시공'이라는 일본어 '테나오시'가 '데나우시'라는 현장 용어로 자리잡은 것으로, 일이 잘못되어 그것을 바로잡아야 하는 상황을 가리키는 말이다. 그런데 대부분의 데나우시는 기술의 문제가 아니라 잘못된 의사 전달 때문에 발생한다. 상대의 이야기를 이해하려 하지 않고, 흘려들으면 일이 잘못될 수밖에 없다. 그러니 공사를 멈추기 위해 언어를 흩으신 하나님의 방법은 얼마나 탁월한가.

태초에 말씀이 계셨다. 그 말씀은 하나님과 함께 계셨다. 그 말씀은 하나님이셨다. 그는 태초에 하나님과 함께 계셨다. 모든 것이 그로 말미암아 창조되었으니 그가 없이 창조된 것은 하나도 없다.
요한복음 1:1-3

성경은 언어(말)가 현실을 창조했다고 증언한다. 그래서 하이데거는 '인간의 존재는 언어를 통해 드러날 수밖에 없다'고 말한 것일까. 그런데 안타깝게도 우리의 언어는 그 본래의 힘을 잃어버리고 말았다. 데나우시다. 그래서 하나님은 데나우시를 바로잡기 위해 성령을 보내기로 하신 것이다. 그렇게 오신 성령께서 가장 먼저 하신 일이 무엇인가. 바로 바벨탑 사건의 회복이었다. 성령께서 오심으로써 흩어져 서로 알아들을 수 없었던 언어들은 알아들을 수 있는 언어가 되었다. 말의 힘을 회복한다는 것은 자신의 언어를 강요하기를 멈추고 상대의 언어를 듣는 것이 아닐까. 듣는 마음을 가지고 우리가 향해야 할 곳은 바로 땅의 끝이어야 한다(행 1:8).

현장 용어 정리

데나우시	잘못된 일로 인한 작업 재개
대마찌	여의치 않은 상황으로 인한 철수
바라시	철거
가베	가벽
덴조	천정
하지	틀(내부)
다루끼&가꾸목	소송 각재(사이즈 30*30*3600)
투바이	소송 각재(사이즈 30*70*3600)
메지	서로 다른 재료가 분리되는 틈
다대&요꼬	세로와 가로
시마이	끝내다
헤베	1제곱미터
아시바	비계, 발판
삿보도	서포트, 받침대, 지지대
젠다이	받침대, 선반
도끼다시	갈아 낸 바닥
데스라	출역 현황
야스리	줄
아다리	적중, 맞추다
후앙	환풍기
히로시	눈금, 표시하다
오사마리	마무리하다
바라시	철거하다, 정리하다

빠루	지렛대
뿌레카	브레이커, 파괴 해머 드릴
와꾸	틀
컷소	줄톱
오함마	큰 망치
나라시	바닥 평탄화 작업
쿠사비	쐐기, 고임목
오가네	수직, 수평 직각 상태
구배	물매
보루꾸	벽돌
오도리바	계단참
고구찌	옆면
기리빠시	나머지, 자투리
씽	중앙, 가운데
하바끼	걸레받이
곰방	손으로 자재를 들어 나르는 일
도매	45도 각도로 두 자재를 90도 직각을 맞춤
빠대	퍼티
후끼	기계를 이용한 뿜칠(페인트에서 자주 사용)
우라	안쪽(가구 뒷판)
가와	옆쪽
다이	받침
데모도	조수
사게부리	수직을 확인할 때 사용하는 연장
오야지	작업 반장

화물용 엘리베이터만
허락되는 사람들

제주 탑동에 위치한 호텔 연회장이었다. 본관 공사는 이미 끝이 났는데, 연회장 공사를 하던 제주 목수들이 일을 하다 말고 철수를 했다. 하루라도 빨리 영업을 시작해야 하는데 제주에서 마땅한 목수를 구하기 어려워 서울에서 사람들을 불러 공사를 마무리하기 위해 우리 팀에게 연락이 온 것이다. 공사 현장이 호텔이다 보니 일을 하는 동안 호텔을 숙소로 사용할 수 있었다. 방 열쇠를 받으러 프런트로 갔는데 오픈을 앞둔 호텔이라 그런지 직원들이 굉장히 상냥하고 친절했다. 부담스러울 정도로 깍듯이 인사를 했고, 필요한 것이 있으면 언제라도 이야기하라고 설명해 주었다. 기분 좋게 하룻밤을 보내고 다음 날 작업복을 입고 1

층으로 내려가는데 갑자기 직원이 작업자들을 불러 세우더니, 아주 불쾌한 표정으로 "작업자는 엘리베이터를 이용하면 안 된다"고 말하는 것이 아닌가. "아니 그럼 계단으로 다니라는 말이냐"고 되물었더니 화물용 엘리베이터를 이용하라는 대답이 돌아왔다. 우리는 모두 화물이 되어 버리고 말았다. 불쾌했다. 작업복을 입을 때는 화물용 엘리베이터를, 일을 마치고 샤워를 한 후에는 승객용 엘리베이터를 사용하기로 했다. 서러움에 갑자기 아이들의 얼굴이 떠올랐다. 가족에게 나는 너무도 소중한 존재인데, 나를 모르는 사람들은 내가 무엇을 입고 있는지에 따라서 나를 판단했다.

규모가 있는 현장의 경우, 공사를 들어가기 전에 '시방서'라는 것을 받는다. 일종의 주의사항 같은 것인데, 그것을 어겼을 때는 모든 책임이 공사를 하는 사람들에게 있다는 내용이 들어 있다. 영업 중인 건물에서 공사를 할 때 다른 업장이나 손님들에 대한 피해를 최소화하기 위한 것이다. 내용에 관해서는 아무도 이의를 제기하지 않는다. 원래 그래 왔기 때문이다. 하루는 바닥을 갈아 내는 샌딩 작업을 진행한 적이 있다. 먼지가 빠져나갈 곳이 없고, 작업을 진행하기 어려워 창문을 열고 작업을 했더니 어떻게 알았는지 소장이 한걸음에 뛰어와서는 "창문을 열고 작업하면 어떻게 하나"며 소리를 질렀다. 작업을 할 수 없을 정도로 먼지가 많이 발생해 잠시 창을 열었던 것이라고 말을 해도 "당장 닫으라"는 말만 되풀이한다. 안에 있는 사람이 어떻든 간에 밖에서 깨끗하게 보이는 게 중요한가 보다. 88올림픽을 앞두고 서울에 있는 허름한 집을 가리기 위해 큰 담을 세워 그림을 그려 놓던 때의 기억과 겹쳤다. 우리는 보이지 않는 존재, 보이면 안 되는 존재였다. 도장 작업을 할 때도 환기를 할 수 없다. 문을 열고 페인트 통을 여는 순간 여기저기서 민원이 들어온다. 한번은 지하에서 도장 작업을 하는데, 주변에서 하도 난리를 쳐서 문을 걸어 잠근 채 무리하게 작업을 진행하다가 작업자가 쓰러지는 일도 있었다.

그렇다고 건설 현장의 상황이 더 좋다고 말할 수도 없다. 인간이라면 누구나 먹고 자고 싼다. 그런데 신축 건설 현장에서 일을 할 때면 늘 겪는 어려움이 있다. 화장실이다. 얼마 전, 경기도의 한 신축 아파트 천장에서 인분이 발견되었다는 뉴스를 접했다. 아마도 공사를 하던 노동자가 볼일을 보고는 치우지 않고 묻었을 가능성이 크다. 왜 화장실에 가지 않고 현장에서 볼일을 본 것일까. 건설 현장에 노동자들을 위한 화장실은 없거나 매우 적기 때문이다. 아침 일찍 작업이 시작되다 보니 느긋하게 볼일을 보고 나오는 사람이 많지 않다. 일을 하다 슬슬 신호가 온 작업자들은 화장실을 찾는다. 기름통 같은 것에 깔대기를 연결해 놓은 간이 소변통은 그나마 여러 곳에 비치되어 있다. 문제는 큰 일을 치러야 할 때다. 건설 현장의 경우 보통 이동식 화장실을 하나 가져다 놓고 그곳에서 볼일을 보는데, 내부 인테리어 공사가 들어갈 때쯤이면 더 이상 사용하기 어려울 정도의 상태가 된다. 도대체 어떻게 볼일을 해결하라는 것인지.

화장실은 인간의 존엄과 관련한 문제다. 하지만 노동자의 쌀 권리에 관심을 가지는 사람은 어디에도 없다. 각자 알아서 해결해야 할 개인의 문제로 치부한다. 노동자들에 대한 이런 대우는 이 사회가 노동의 가치를 생각하는 수준을 보여 준다. 싸는 문제만큼이나 중요한 먹는 문제도 그렇다. 근처에 식당이 없는 현장일 경우 음식을 배달시켜 먹는다. 그런데 작업자들을 위한 휴게 공간이 없다. 바닥에 합판 하나 깔고 앉아 서둘러 밥을 먹어 치운다. 환경도 좋지 않고 자리도 불편하다 보니 느긋하게 앉아 식사를 하는 사람은 없다. 빨리 먹어 치우고는, 깔고 앉았던 합판에 고된 몸을 기대고 한숨 자는 편이 낫기 때문이다. 현장은 그렇다. 먹고 싸는 일은 인간에게 너무 기본적인 일이고, 당연한 권리인데도 그런 것을 요구하면 주제넘은 행동이 된다.

호텔 바로 앞에 있는 허름해 보이는 식당에서 점심 식사를 했다. 사람들이 몰리는 시간대에는 작업복을 입은 사람들이 방문하는 것을 반기지 않는 식당도 많기에 눈치를 보며 들어갔는데, 사장님이 환한 얼굴로 맞아 주신다. "사장님 공깃밥 하나만 더 주세요." 몸을 그렇게 놀렸으니 어찌 허기가 지지 않겠나. 배부르게 식사를 마치고 계산을 하는데 아무래도 사장님이 공깃밥 추가한 것을 잊으셨나 보다. 공깃밥 추가한 사실을 말씀드렸더니 사장님께서 대답하셨다. "작업복 입고 오시는 분들에게는 공깃밥 추가 요금 안 받아요." 화물 취급받았던 아침의 기억이 떠올라 눈물이 핑 돌았다.

'또 오세요'

출구에 걸린 문구를 보며 다시 제주에 오면 이 식당은 반드시 방문할 것이라고 다짐했다.

하나님이 말씀하시기를 우리가 우리의 형상을 따라서, 우리의 모양대로 사람을 만들자…. 하나님이 당신의 형상대로 사람을 창조하셨으니, 곧 하나님의 형상대로 사람을 창조하셨다. 하나님이 그들을 남자와 여자로 창조하셨다.
창세기 1:26-27

기독교는 모든 인간이 하나님의 형상으로 지음 받은 존재라고 고백한다. 그런데 이 말씀을 가지고 스스로의 자존감을 올리는 정도로만 사용해서는 안 된다. 이 말씀은 내가 하나님의 형상으로 지음 받은 소중한 존재인 것처럼, 타인들도 하나님의 형상이라는 사실을 밝히 보여 준다. 무엇을 입고 있는지, 무엇을 얼마나 가지고 있는지, 어떤 직업을 가지고 있는지, 이런 것들이 사람을 평가하는 기준이 되어서는 안 된다는 것이다. 직업에 귀천이 없다는 말은 모든 일의 중요성을 뜻하는 말이다. 중요하지 않은 일이 어디 있겠나. 만약 아무도 건설 현장에 나가서 일을 하지 않는다면, 쓰레기 치우는 일을 아무도 하지 않는다면, 세상은 어떻게 될까. 우리가 너무도 당연하게 생각하는 일상이 지속 가능할 수 있는 것은 이런 일들을 자신의 일로 여기며 묵묵히 해내는 분들이 있기에 가능한 것이다. 그러니 먼지가 잔뜩 묻은 옷을 입은 작업자들을 우습게 봐서는 안 된다. 때 묻은 작업복이 부끄러운 것이 아니라 다른 사람의 노동에 편승해 살아가는 육체적 태만이 부끄러운 것이다.

혼자 살아갈 수 없는 복잡한 시대가 되었다. 인간人間의 말뜻처럼, 사람과 사람 사이에 존재하는 것이 인간이다. 우리는 서로가 서로에게 기대어 살 수밖에 없는 존재다. 내가 하지 못하는 일 혹은 내가 하기 싫은 일을 누군가 대신해 주는 것에 감사하는 마음이 내가 하고 있는 일에 대한 존중으로 이어진다는 것을 잊어서는 안 된다. 모든 건설 노동자들이 깨끗한 화장실에서 볼일을 보고 먼지 날리지 않는 휴게 공간에서 편히 식사를 할 수 있는 날이 속히 오길 기대해 본다.

베드로가 입을 열어 말하였다. "나는 참으로, 하나님께서는 사람을 외모로 가리지 아니하시는 분이시고, 하나님을 두려워하며, 의를 행하는 사람은 그가 어느 민족에 속하여 있든지, 다 받아 주신다는 것을 깨달았습니다."
사도행전 10:34-35

공감하기

현장이 없었다. 한동안 일을 하지 못했다. 누군가 책임을 지고 현장에 데리고 다니지 않는 한 초보자에게 현장은 없다. 형님을 통해 일을 시작했지만 모든 현장에 나를 데리고 다닐 수 없었기에 나는 형님에게 부담스러운 존재였다. 하지만 믿고 의지할 사람이 형님 말고는 없었기에 용기를 내어 전화를 걸었다. "형, 어디 일할 데 없을까?" 한 달에 5일밖에 일을 하지 못한 적도 있었다. 식탁 위에 수북히 쌓여 가는 고지서들을 보며 이 일을 계속해야 할지, 이렇게 해서 먹고살 수나 있을지, 하는 고민이 깊어졌다. 덜컹 겁이 났다.

모든 두려움의 원인은 '알 수 없음'이다. 나를 불러 주는 현장이 언제 생길지 모르는 데서 비롯한 두려움이었다. 잠시 후 형님에게 전화가 왔다. "내일 문산에 있는 고등학교로 와. 하루짜리 일이야." 형님이 혼자 가서 하루 일을 하면 되는 건이었다. 그런데 감사하게도 나를 불러 주었다. 한 사람 일당과 연장품을 둘로 나눠 하나를 내 몫이라며 건네 주었다. 가난의 본질은 단순히 돈이 없는 것이 아니라 나를 위해 나서 줄 사람이 없는 것이다. 나를 불러 줄 다음 현장이 언제 생길지 알 수 없기에 여전히 불안하지만 그래도 나는 가난하지 않다. 구스타보 구티에레즈는 가난을 죄의 결과라고 말한다. "거룩하라"는 주님의 명령에 귀를 닫아 버리고, 누군가의 도움이 없이는 살아갈 수 없는 고아와 과부 그리고 나그네들을 외면한 죄의 결과가 '가난'이 된다.

…너희의 하나님인 나 주가 거룩하니 너희도 거룩해야 한다. 레위기 19:2

하나님이 거룩하다고 우리에게 거룩하라니. 너무 무리한

요구가 아닌가. 곧이어 하나님은 말씀하신다. "밭에서 난 곡식을 거두어들일 때에는… 떨어진 이삭을 주어서도 안 된다.… 가난한 사람들과 나그네 신세인 외국 사람들이 줍게, 그것들을 남겨 두어야 한다…"(민 19:9-10). "재판을 할 때에는 공정하지 못한 재판을 해서는 안 된다…"(민 19:15). "…네 이웃의 생명을 위태롭게 하면서까지 이익을 보려 해서는 안 된다…"(민 19:16). "외국 사람이 나그네가 되어… 너희와 함께 살 때에, 너희는 그를 억압해서는 안 된다"(민 19:33). 거룩하라는 요청은 일종의 초청장과 같다. 거룩하신 하나님을 만나는 장으로의 초대다. 타인의 삶에 공감하는 것이 곧장 거룩은 아니더라도 거룩에는 공감하는 마음이 담겨 있음을 부정할 수 없다. 다른 이들의 마음을 헤아리고 몫을 잘 배분하는 것도 거룩이다. 그러니까 나에게 주어진 것을 나만을 위한 몫이라며 독점해 버리는 것은 거룩한 삶이 아니다.

너의 손에 선을 행할 힘이 있거든, 도움을 청하는 사람에게 주저하지 말고 선을 행하라.

개역개정 성경은 도움을 청하는 사람을 '마땅히 받을 자'
로 번역했다. 이는 히브리어 단어 '바알'로서 '주인'을 뜻
한다. 그러니까 우리에게 선을 베풀 만한 힘이 있다면 그
것은 나만을 위한 힘이 아니라는 뜻이다. 자신에게 주어진
몫을 자기만을 위한 것으로 여기는 생각은 종일 땀 흘려
일을 해도 먹고살기 어려운 시대를 가져오고 말았다. 예수
는 비유를 통해 이렇게 말한다.

···"어떤 부자가 밭에서 많은 소출을 거두었다. 그래서 그
는 속으로 '내 소출을 쌓아 둘 곳이 없으니, 어떻게 할까?'
하고 궁리하였다. 그는 혼자 말하였다. '이렇게 해야겠다.
내 곳간을 헐고서 더 크게 짓고, 내 곡식과 물건들을 다 거
기에다가 쌓아 두겠다. 그리고 내 영혼에게 말하겠다. 영
혼아, 여러 해 동안 쓸 많은 물건을 쌓아 두었으니, 너는
마음 놓고 먹고 마시고 즐겨라.' 그러나 하나님께서 말씀
하셨다. '어리석은 사람아, 오늘 밤에 네 영혼을 네게서 도

로 찾을 것이다. 그러면 네가 장만한 것들이 누구의 것이 되겠느냐?' 자기를 위해서는 재물을 쌓아 두면서도, 하나님께 대하여는 부요하지 못한 사람은 이와 같다."
누가복음 12:16-21

소출이 늘어나 창고를 크게 지은 이 농부의 행동은 어째서 비난을 받은 것일까. 더 큰 곳간을 짓는 이유가 "마음 놓고 먹고 마시고 즐기기" 위함이기 때문이다. 너무도 당연하겠지만 부자가 이렇게 많은 소출을 얻은 것은 혼자의 힘으로 가능한 일이 아니었다. 먼저는 땅이 있어야 했고, 땅을 일구는 도움의 손길이 필요했다. 그렇게 해서 얻은 많은 소출이다. 그런데도 부자는 모든 것을 자신만의 몫으로 여겼다. 땅에 대한 고마움도, 땅을 일군 이들의 희생도 부자에게는 보이지 않았다. 손에 흙을 묻혀 본 적 없으니 하늘과 땅에 대한 고마움도, 수고한 이들에 대한 감사한 마음도 찾아볼 수 없는 것이다. 그저 마음 놓고 먹고 마시려는 욕망만 남은 것이다.

　물론 인간은 누구나 욕망을 가지고 산다. 무언가 되고

싶고, 무언가 얻고 싶은 것이 욕망이다. 그리고 보통 이러한 욕망은 결핍에서 비롯한다. 하지만 꼭 욕망이 부정적인 것만은 아니다. 식욕이 있기에 생명을 이어 갈 수 있으며, 성욕이 있기에 세대가 이어질 수 있다. 욕망은 존재를 보존하기 위해 반드시 필요한 조건이다. 문제는 그 욕망이 채워지는 방식이다. 경쟁하고 소비하는 삶의 방식을 선택한 인간들은 다른 사람들이 자신을 부러워하는 모습을 욕망하기 시작한다. 더 많은 것을 소유하고 더 높은 곳에 자리한 나를 바라보는 사람들의 부러움 서린 시선에 쾌감을 느낀다. 쇠귀 신영복은《감옥으로부터의 사색》에서 함께 살기 위해서는 누군가의 위에 군림해서는 안 된다고 가르친다.

사회란 '모두 살이'라 하듯이 함께 더불어 사는 집단이다. 생산이 사회적으로 이루어진다는 것, 그리고 함께 만들어 낸 생산물을 여러 사람이 나누어 갖는다는 것이 곧 사회의 '이유'이다. 생산과 분배는 사회관계의 실체이며, 구체적으로는 인간관계의 토대이다.

'곳간에서 인심 난다'는 속담이 있지만 모든 곳간에서 인심이 나는 것은 아니다. 오히려 고통 가운데 신음하는 자들이 타인의 아픔에 공감하며 자신의 것을 나누는 것을 쉽게 목격할 수 있다. 곳간이 차고 넘쳐 더 큰 곳간을 지으려는 부자들은 어떤가. 가난한 이들을 천국을 가기 위한 열쇠 정도로 여기기도 한다.

혀를 차며 동정을 베푸는 것과 예수의 불쌍히 여기는 마음compassion은 분명히 다르다. 시혜적 차원의 동정은 일정한 거리를 두고도 가능하지만 불쌍히 여기는 마음은 대상과 같이 고통을 당하지 않고는 가질 수 없는 '창자가 끊어지는 아픈 마음'이다. 이러한 연민은 언제나 예수로 하여금 무언가를 행하게 하는 원인이기도 했다. 같은 지구 별에 살면서도 어느 한쪽은 풍요를 경험하는 반면, 다른 한쪽은 굶주림에 죽어 가고 있다. 먹을 것이 없기 때문이 아니라 나눔이 없기 때문이다. 타인의 고통은 나와 상관없는 것이라며 외면하기 때문이다. 마커스 보그에 의하면 구원이란 불쌍히 여기는 마음에서 비롯한 거룩함이 이상이 되는 사회다. 하지만 안타깝게도 우리 사회에서 거룩함은 어리석음으로 여겨진다. 일을 오래 한 사람이 이제 막 현장에 온 사람의 몫을 빼앗는 것을 모두가 당연하게 여긴다. 몫을 빼앗는 이도, 빼앗기는 이도 그것을 당연하게 여길 정도로 우리는 서로의 아픔에 대한 공감을 상실했다. 공감하지 않는 나는 거룩하지 않다.

돈이 없지 가오가 없냐던
사람들에게

일이 있는 날보다 없는 날이 많아지면 불안도 커진다. 일
을 하고 있지만 여전히 해결되지 않는 생존의 문제 앞에서
돈이 없지 가오가 없냐던 지난날의 치기 어린 외침은 사
치였다. 적게나마 돈이 있기에 세울 수 있는 가오였다. 생
존 자체를 위협받을 정도로 돈이 없는 상황이 지속되면 가
오는 사치일 뿐이다. 노력을 하지 않았다면 더 노력이라도
해 볼 텐데, 더 이상 어떻게 할 수 없을 정도로 열심히 살
고 있었기에 도저히 방법을 찾을 수 없었다. 잠을 더 줄이
고 우유 배달을 할까, 아니면 편의점 아르바이트라도 해야
하는 건가, 차라리 목수 일을 그만두고 다른 일을 찾아야
하는 걸까, 라며 답이 나오지 않는 생각이 꼬리에 꼬리를

물었다.

기술을 익힐 때까지 어떻게든 버티고 싶었다. 하지만 이 또한 사치였고, 뭐라도 해야겠다는 생각에 가리지 않고 이력서를 넣기 시작했다. 신학을 공부하고 뭐라도 된 것처럼 사람들 앞에서 가르치는 사람으로 살았는데, 내가 할 수 있는 일이라곤 운전 아니면 단순 노동뿐이었다. 그것이 현실이었다. '잡코리아'를 통해 100여 곳에 이력서를 넣었고, 세 군데서 면접을 보자고 연락이 왔다. 모두 운전직이었다. 하루에 10시간씩 주 6일을 일해도 세후 200만원 남짓의 월급을 받을 수 있는 곳뿐이었다. 나를 팔아 볼 요량으로 면접을 보러 갔다. 나 말고도 잘 차려입은 사람들의 모습이 보였다. 방에 들어가니 세 사람의 면접관이 앉아 있었다. 일과 관련한 형식적인 질문들이 끝나자 일과 관계없는 질문들이 이어졌다. 순간 의문이 들었다. 저들은 나의 무엇을 보고 있는 걸까.

"따로 연락드리겠습니다." 하지만 안다. 대부분은 따로 연락을 주지 않는다는 것을. 나의 어디가 마음에 들지 않은 것일까. 아니 마음에 들지 않더라도 최소한 기다리는 사람에게 연락 한 통은 줘야 하는 게 아닌가. 면접을 보러 다니기 시작한 지 벌써 한 달이 지났다. 그리고 드디어 마지막으로 면접을 본 곳에서 연락이 왔다. 우선은 수습으로 2개월 일을 해 보고 계약을 하기로 했다. 다섯 식구가 살기에 충분한 월급은 아니었다. 하지만 하루 벌어 하루 먹고 살던 삶에서 한 달을 계획할 수 있는 삶으로의 변화는 우리 가족 모두에게 큰 기쁨이었다. 전화를 끊고 오랜만에 외식을 하러 나갔다.

매튜 데스몬드의 《쫓겨난 사람들: 도시의 빈곤에 관한 생생한 기록》에는 도시 빈민으로 살아가고 있던 러레인의 이야기가 나온다. 가난한 사람들에게 식료품 구매권이 지급되는데, 러레인은 지급받은 80달러 정도의 식료품 구매권을 한 끼 식사에 전부 써 버린다. 그녀를 돕던 목사를 비롯한 사람들은 그녀의 행동을 비난하기 시작한다. 적은 돈이라도 아껴서 모으고, 그렇게 모은 돈으로 월세를 내야지, 한 끼 식사로 낭비를 해 버리면 어떻게 하냐고 꾸짖는다. 하지만 가난한 사람들에게 그러한 삶은 생각처럼 쉬운 일이 아니다. 80달러의 식료품 구매권을 아끼면 수백 달러가 넘는 월세를 낼 수 있을까. 가난한 사람들은 아무리 아껴도 여전히 모자란 월세를 모으기 위해 전전긍긍하느 니 잠시나마 사치를 누리면서 비극적 현실을 잊을 수 있는 선택을 하는 편이다. 러레인은 말한다. "내겐 살아갈 권리 가 있어. 그리고 내가 원하는 대로 살 권리가 있지. 사람들 은 아무리 가난한 사람이라도 맨날 똑같은 것만 먹으면 질 린다는 걸 모르나 봐." 우리 가족의 외식이 누군가에게 사 치처럼 보일지 모르지만 잠시의 사치로, 해결되지 않는 생 존의 문제를 잠시 잊을 수 있다면 그 또한 괜찮은 선택이 아닌가. 2개월의 수습 기간만 잘 버티면 4대보험이 적용되 고 출퇴근 시간이 일정한, 그리고 매일 같은 곳으로 출근 하는 삶이 가능하다. 전화벨이 울렸다. 출근 날짜를 알려 주겠다고 했으니 그 전화겠거니 생각했다. 그런데 수화기 너머로 입사를 잠시 보류하겠다는 통보를 받았다. 급하면 다른 직장을 구하란다. 오랜만에 갖은 외식을 후회하며 다 시 일자리를 구하는 밤을 맞이했다.

지인으로부터 '타다'를 해 보면 어떻겠냐는 이야기를 들었고, 짧은 교육을 마치고 (목수 일이 없는 날이면) 타다

드라이버로 일을 했다. 타다는 다른 일을 하면서 아르바이트로 하기에 안성맞춤이었다. 일주일 단위로 스케줄을 조정하면 되기 때문에 목수 일이 없는 주간에는 타다를 하면서 부족한 생활비를 충당했다. 정확한 금액이 기억나지는 않지만 하루 8시간을 일하면 일당으로 13만원 정도를 받았으니 인력사무소에 나가서 잡부로 일하는 만큼은 버는 셈이었다. 그동안 교회에서 부교역자로 일하면서 스타렉스를 몰았던 운전 경력이 이렇게 사용되다니. 사납금에 대한 부담도 없다 보니 교통 법규를 준수하며 보다 안전한 운행이 가능했다. 특이했던 점은 타다 드라이버는 응대어(인삿말, 목적지, 불편한 점 등) 외에 손님에게 먼저 말을 거는 행위가 금지되어 있다는 것이다. 그렇기 때문에 응대어를 마치는 순간 드라이버는 같은 공간에 있으면서도 그곳에 있지 않은 존재가 된다.

'없는 존재'로 취급당하기에 인격적으로 무시를 당한다는 느낌보다는 서로에 대한 예의 바른 무관심이라고나 할까. 차 안은 드라이버나 승객 모두의 공적 공간이지만, 서로에 대한 예의가 무관심을 통해 표현된다는 것이 흥미로

웠다. 장시간 운전을 하는 것도 힘들었지만 그보다 힘든 것은 따로 있었다. 8시간을 일하고, 1시간 휴게 시간이 주어졌다. 이 휴게 시간을 이용해 식사도 해야 하고 볼일도 봐야 했다. 만일 휴게 시간으로 돌리지 않고, 볼일을 보러 갔다가 콜을 놓치기라도 하면 페널티를 받는다. 화장실을 찾느라 휴게 시간을 사용하는 것이 아까워 식사를 하면서 식당 화장실을 이용할 계획이었다. 그런데 생리 현상이 내 맘대로 되던가. 더 이상 참을 수 없을 정도로 참다가 화장실을 가려는데 콜이 들어왔고, 손님을 태워 목적지로 이동하는 중에 그만 지리고 말았다. 운전을 오래 하신 분들이 방광염에 걸리기 쉽다더니 왜 그런지 알겠더라. 어디 하나 쉬운 일이 없음을 배웠다.

계획대로 되는 일이 하나 없다. 타다가 소비자로부터 호응을 얻으며 사업을 확장하자 택시업계는 이를 편법이라 주장하며 문제 삼기 시작했다. 논란이 커지자 국회에서 '타다 금지법'이 발의되었고, 타다에게 드라이버를 제공하던 아웃소싱outsourcing 업체로부터 일방적인 해고 통보를 받았다. 하루아침에 일자리를 잃은 사람들이 소통하던 카톡

방이 아직도 남아 있다. 어이없고 억울한 일들을 말하지만 아무도 듣지 않는다. 우리의 목소리는 그렇게 삭제당한다.

더 이상 우리가 필요 없다더니 하루라도 일하고 싶은 사람이 있냐고 묻는다. 드라이버를 도구 정도로만 여기는 것 같았다. 여기가 인력시장이냐며 누군가 따지자 대답이 돌아왔다. 하루아침에 일자리를 잃었지만 노력하고 발품 팔아 이 자리라도 얻게 된 것이라고 말하며, 결국 모든 것은 노력하지 않은 우리의 책임이란다. 정말 그럴까. 만일 모든 사람이 똑같은 노력을 하고 발품을 팔았다면 아마도 그 정도의 노력은 누구나 하니 노력을 넘어서는 '노오력'을 하라고 말하지 않았을까. 불평등을 당연한 것으로 구조화해서는 안 되는데, 참으로 고달픈 현실이다. 닭소리에 꿈에서 깨어 마주하는 현실은 꿈을 이루기 어려운 고달픔이다. 그 고달픔에 나의 어머니가 수없이 외웠다던 이 시를 이제는 세 아이의 아버지가 되어 버린 아들이 되뇐다.

닭소리

— 김소월

그대만 없게 되면

가슴 뒤노는 닭소리 늘 들어라.

밤은 아주 새어올 때

잠은 아주 달아날 때

꿈은 이루기 어려워라.

저리고 아픔이여

살기가 왜 이리 고달프냐.

새벽 그림자 산란散亂한 들풀 위를

혼자서 거닐어라.

내 일당은
15만원인데

일을 시작하면서 처음으로 받은 일당은 15만원이었다. 당시 일용직 노동자들의 일당이 11만원 정도였으니 초보자에게 꽤나 후하게 일당을 쳐준 셈이다. 한 번은 강원도에 있는 신축 빌라 공사 현장에 일을 간 적이 있다. 많은 사람이 일을 하는 건설 현장의 경우, 어느 분야에 몇 명의 인원이 작업을 들어왔는지 확인하기 위해 반장들은 '데스라'라는 것을 작성하여 현장 사무실에 제출한다. 그런데 데스라를 제출하고 돌아온 반장이 "형님 일당을 23만원으로 올렸어요. 입금되면 하루에 8만원씩 계산해서 저한테 돌려줘야 해요"라고 말했다. 다들 그렇게 한다고. 준공(기술자인 기공에는 못 미치지만 기공이 시키는 일은 혼자서 해 내는 정도의 수준)의 경우 기공과 같은 일당을 올리고 나머지를 반장이 자신의 몫으로 챙겨 가는 것이 일반적인 일이란다. 그렇다고 하니 내가 무슨 말을 하겠나.

보름 정도 일을 했더니 반장이 챙겨 가는 몫이 적지 않았다. 영 마음이 편치 않았다. 억울하면 출세하라고 했던가. 하지만 이 말은 '힘'에 대한 잘못된 이해에서 비롯한 것이다. 힘은 응당 타인의 것을 빼앗고 짓밟는 데 사용되어지는 것이라고들 생각한다. 광주의 한 철거 현장에서 철거 도중 건물이 버스를 덮치는 사고가 있었다. 원청은 하청에게 50억 가량의 공사 비용을 지불했다는데, 하청의 하청, 그 하청의 하청까지. 결국에는 9억에 철거 작업이 진행됐다는 뉴스 기사를 접했다. 아무것도 하지 않은 사람들이 힘(자리)을 이용해 누군가의 몫을 빼앗으며 생긴 참사다. 그런데도 이러한 일들이 당연하고 일반적인 것이라며, 억울하면 출세하라고 말한다.

힘은 정말 그런 것일까? 힘 그 자체가 나쁜 것은 아니다. 그런데도 힘은 너무도 자주 폭력이 된다. 그러니까 중요한 것은 힘을 가진 사람들이 그 힘을 어떻게 사용하느냐다.

나는 평화를 너희에게 남겨 준다. 나는 내 평화를 너희에게 준다. 내가 너희에게 주는 평화는 세상이 주는 것과 같지 않다. 너희는 마음에 근심하지 말고, 두려워하지도 말아라.

요한복음 14:27

예수가 말하는 평화는 어떻게 세상의 그것과 다른가. 세상이 주는 평화는 흔히 '무언가 없는 상황', 그러니까 전쟁이 없고 기아나 빈곤이 없는 상태를 가리킨다. 그렇다면 우리나라는 북한과 대치하고 있지만 전쟁이 없기에 평화롭다고 할 수 있다. 하지만 이 평화는 가짜 평화다. 힘의 균형이 깨어지는 순간 언제라도 사라질 가짜 평화다. 예수가 남겨 둔, 그리고 우리에게 건네 준 평화는 이와 다르다. 무엇이 없을 때 주어지는 가짜 평화가 아니라 무엇이 있을 때 평화가 오는가를 고민하게 한다.

무엇이 없는 상태가 평화라면, 인간은 수동적인 역할을 할 수밖에 없는 존재로 전락한다. 우리가 할 수 있는 일은 아무것도 없다. 무엇이 있어야 평화가 임할지를 고민하기 시작한다면 어떨까. 평화平和의 화和는 쌀과 입이 합쳐진 글자다. 이렇게 평화는 막연한 것이 아니라 모든 사람의 입에 쌀이 들어가는 굉장히 구체적인 개념이다. 하지만 안타깝게도 오늘날 사람들은 자신의 입에 쌀이 들어가는 것에만 관심이 있어 보인다. 집값이 떨어진다고 장애인 학교를 반대하고, 장애를 가진 아이를 둔 부모들은 죄인이 된 것처럼 무릎을 꿇고 반대하지 말아 달라며 애원한다.

그때에는, 이리가 어린 양과 함께 살며, 표범이 새끼 염소와 함께 누우며, 송아지와 새끼 사자와 살진 짐승이 함께 풀을 뜯고, 어린 아이가 그것들을 이끌고 다닌다. 암소와 곰이 서로 벗이 되며, 그것들의 새끼가 함께 눕고, 사자가 소처럼 풀을 먹는다. 젖먹는 아이가 독사의 구멍 곁에서 장난하고, 젖뗀 아이가 살무사의 굴에 손을 넣는다. "나의 거룩한 산 모든 곳에서, 서로 해치거나 파괴하는 일이 없다." 이사야 11:6-9

"이리와 어린 양이 함께 풀을 먹으며, 사자가 소처럼 여물

을 먹으며, 뱀이 흙을 먹이로 삼을 것이다. 나의 거룩한 산
에서는 서로 해치거나 상하게 하는 일이 전혀 없을 것이
다." 주님의 말씀이시다.

이사야 65:25

이사야가 보았던 하나님 나라는 평화로운 세상이었다. 이
리는 양을 잡아먹을 충분한 힘을 가지고 있지만 그것을 포
기함으로써 양은 이리의 먹이가 아닌 친구가 된다. 표범
도, 사자도 그렇게 자신의 힘을 포기한다. 힘은 빼앗고 짓
밟는 데만 사용되는 것이 아니라 살려 주고 세워 주는 데
사용될 수 있다는 것이다. 바로 그곳에서 이미 시작된 하
나님 나라를 경험할 수 있다. 형님에게 일을 배우며 얼마
나 많이 혼났는지 모른다. 다른 사람들에게는 그 정도까지
안 했는데, 동생이라서 더 엄하게 가르쳤던 것 같다. 나름
대학원까지 나오면서 공부를 많이 했다고 생각했는데, 일
머리 없는 나를 향해 형님은 하루에도 몇 번씩 얼굴을 찌
푸렸다.

　"야, 너 바보냐?" "그것도 몰라?" "지난번에 했던 거잖

아." 집에 돌아와 잠자리에 누우면 그날 들었던 말들이 환청처럼 들려온다. 형님이 볼 때는 부족한 것투성이인 동생이다. 그런데 형님이 반장으로 있는 현장을 가면 그런 부족한 동생에게 기공(기술자) 인건비 23만원을 전부 챙겨 준다. 보통은 반장이라는 지위를 이용해 나와 같은 준공들의 인건비를 중간에서 빼앗아 가지만 형님은 나에게 가끔씩 욕은 할지언정 한 번도 내 일당을 빼앗은 적이 없다. 힘은 이런 거다. 우월한 힘을 가진 자가 자기의 이익을 추구하는 과정에서 누군가의 것을 빼앗고 짓밟는 데 사용할 수도 있지만, 그 힘으로 누군가를 살려 주고 세워 주는 데 사용될 수도 있다. 문제는 우리 사회가 경쟁과 우월의 가치를 추구해 왔기 때문에 힘은 항상 폭력으로 나타난다는 데 있다. 알피 콘은 《경쟁에 반대한다》에서 경쟁은 백해무익하므로 한시바삐 지구에서 몰아내야 한다고 주장하며 언제까지 경쟁에서 승리하기 위해 우리의 인생을 허비할 것이냐고 묻는다.

경쟁이란, 군중 속에서 까치발을 드는 것이다. 한 명이 들기 시작하면 모두가 까치발을 들 수밖에 없다.

알피 콘Alfie Kohn

그렇다면 어떻게 해야 우월한 힘을 갖기 위해 경쟁하지 않고, 오히려 힘의 균형이 깨어졌을 때 강자가 약자를 도울 수 있는 것일까. 여기서 중요한 것이 관계다. 그 사람이 누구이며, 나와 어떤 관계인지가 내가 가지고 있는 힘의 사용을 결정한다. 형님은 나를 대할 때 그저 일 못하는 초보 목수라는 사실보다 동생이라는 관계를 더 중요하게 여겼기 때문에 자신의 힘을 나눠 줄 수 있었던 것이다. 그렇다면 여기서 또다시 질문이 생긴다. 어떻게 해야 친밀한 관계가 가능해지는가. 관계의 질을 향상하기 위해서는 지속적인 만남이 필요하다. 자주 만나며 삶을 공유할 때, 관계의 질이 개선될 가능성이 커진다. 그래서 가족, 이웃, 친구를 향해서는 상대적으로 힘이 올바르게 사용되는 것이다. 이리가 양에게 그랬듯이 말이다.

안타깝게도 현대 사회에서는 친밀한 관계를 만들기 어렵다. 옆집에 누가 사는지 관심 없고, 나의 사생활이 간섭

받는 것을 극도로 싫어한다. 예리하게 경계의 선을 그어 놓고 넘지 말라고도 한다. 나도 넘지 않을 테니 너도 넘어서는 안 된다는 것이다. 이래서는 힘을 나누는 친밀한 관계를 만들기 불가능하다. 그래서 예수는 "이웃을 네 몸과 같이 사랑하라"고 가르친 것이다. 부족 사회에서 이웃이란 자기 옆집에 사는 사람이 아니라 넓은 의미에서 가족이자 친족을 가리키는 말이었다. 그러니까 예수가 말한 이웃은 경쟁 관계에 있는 다른 부족을 뜻한다. 사랑할 만한 사람만을 사랑하는 수준에서 벗어나 사랑의 대상이 경쟁 관계에 있는 이웃에게까지 확장되어야 한다는 것이다. 사랑의 대상을 '이웃'으로 확장할 때, 세상의 폭력적 문화와 구조를 새롭게 할 수 있는 가능성이 열리는 게 아닐까. 공동체로서 교회는 여전히 너무도 큰 가능성을 가지고 있다. 양을 먹이가 아닌 친구로 삼는 착한 이리들을 통해 하나님 나라는 실재할 수 있다.

노 가 다 판 에 도
금 수 저 는 있 다

어쩌다 보니 일과 목회를 병행하는 나의 이야기가 알려지
면서 종종 '일을 배우고 싶다'는 연락을 받는다. 아마도 지
속 가능한 목회를 고민하다가 '일을 해야겠다'는 생각에
이른 이유일 것이다. 최근 들어 이중직 현상에 대한 많은
연구가 이루어지고 있는데 매우 고무적인 일이다. 교회의
오늘날 현실은 어떤가. 대부분의 교회가 미자립이고, 교회
를 유지하기 위해 특정한 사람들이 희생해야 하는 구조다.
70-80년대 놀라운 양적 부흥을 경험했던 선배 목회자들
은 자신들의 경험을 일반화하여 기도하면 된다고 말한다.
그러다 보니 일터로 나오는 목회자들은 '믿음 없는 목사'
로 치부된다.

…우리가 여러분에게 명령한 대로, 조용하게 살기를 힘쓰고, 자기 일에 전념하고, 자기 손으로 일을 하십시오.
데살로니가전서 4:11

문제는 일을 해야겠다고 마음먹었지만 목회와 함께 병행할 수 있는 일이 마땅치 않다는 사실이다. 그래서 배달도 하고 편의점 알바도 한다. 일용직으로 일을 나오는 분들 중에 의외로 목사들이 많다. 그런데 몸은 힘들고 그에 비해 수입은 많지 않은 일들이 대부분이다. 안정적으로 생계를 유지하면서 목회를 병행하기 어려운 직업뿐이다. 어른들이 기술을 배워야 한다고 한 말들이 이제야 이해가 된다. 자신이 잘할 수 있는 일을 찾는 것이 중요하다. 여러 가지 선택지가 있겠지만 '노가다'도 좋은 선택지가 될 수 있다. 부끄럽지만 노가다 같은 건 따로 하는 사람이 있는, 나와는 상관없는 일이라고 생각했던 때가 있었다. 일하는 목회자들 중 여전히 이런 생각에 머물러 있는 이들이 있다. "나는 원래 노가다를 할 사람이 아냐. 전도하러 일을 하러 가는 거야"라며 사람들의 날 선 시선을 스스로 정당화하기도 한다. 그런데 어디 일이라는 게 그리 만만한가. 마음가짐은 태도로 나타나며 함께 일하는 사람들이 먼저 알아차린다. 그래서는 일도, 전도도 아무것도 되지 않는다.

일과 목회를 고민하는 이들에게 한 살이라도 젊을 때 시작하라고 말하고 싶다. 내가 현장에서 만난 분들의 평균 연령을 생각해 보면 대부분 50대 중반에서 60대 초반이다. 은퇴가 따로 없다지만 기력이 떨어지고 손이 느려지면 불러 주는 현장이 없다. 아무리 몸 관리를 잘해도 70대가 넘은 노동자들을 본 적이 없는 것 같다. 40대는 그래도 조금 있는데, 30대는 만나기 어렵다. 함께 일하는 목수 중 30대 친구가 있는데, 이 친구는 쉬는 날이 없을 정도로 일을 한다. 불러 주는 곳이 많다 보니 자기가 골라서 현장을 나가면 된다. 그러다가 쉬는 날을 정해서 일 년에 두 번 정도 해외여행을 나가서 쉬고 온다고 한다. 많은 사람이 몰리는 휴가철이 아니다 보니 상대적으로 저렴한 가격으로 여유롭게 휴가를 즐길 수 있다.

노가다의 가장 큰 장점 중 하나가 바로 이것이다. 쉬고 싶은 날 쉴 수 있다. 그러다 보니 일과 목회를 병행할 경우, 직장에 다니는 사람들과는 달리 평일에 교회 업무가 발생하더라도 말하고 쉬면 된다. 물론 처음부터 그런 건 아니다. 처음 일할 때는 거의 5분 대기조다. 현장에 들어가기 바로 전날, 그것도 늦은 밤에 주소 하나 보내면서 내일 여기로 와, 하면 그곳으로 가야 한다. 내일 일이 있을지 없을지 모르니까 약속을 잡을 수도 없는 노릇이다. 결국엔 관계다. 함께하는 시간들이 쌓이다 보니 서로를 배려하는 사이가 되었고, 서로의 빈자리를 채워 주는 일이 가능해졌다.

개인적으로 노가다를 하면서 가장 좋은 것은 무언가에 집중하는 시간들이 가져다주는 신비다. 예전에 필사 모임을 한 적이 있다. 각자 원하는 책을 정하고, 저자의 말에 귀를 기울이며 한 시간 동안 노트에 글을 쓰기만 하는 모임이었다. 처음에는 "뭘 이런 걸 하지?" 했다가 첫 번째 시간이 지나고 나서는 가장 열심히 참여하는 학생이 되었다. 단순한 일이라고 생각했던 그 일이 일종의 명상이 되었다. 육체노동도 그렇다. 아무 생각 없이 한 가지 일에만 집중하다 보면 어느새 무념무상에 빠져든다. 그래서 대척덕 신부님은 말씀하셨다. "기도는 노동이고, 노동은 기도다."

또 하나의 장점은 밥벌이 수단으로 괜찮다는 것이다. 가끔 사람들은 노가다를 하는 사람을 불쌍하게 보기도 하지만 그렇게 볼 이유가 전혀 없다. 인테리어 현장만 하더라도 목수, 도장, 도배, 금속, 전기, 타일, 설비, 철거 등 여러 분야의 일이 있다. 예전에는 어떤 일을 하느냐에 따라 일당이 달랐다고 한다. 그중에서도 목수가 가장 많이 받았는데, 요즘은 대부분 일당이 평준화가 되었다(2023년 현재 28만원 정도). 현장을 책임지며 자기 연장을 가지고 다니는 '오야지'는 하루 일당으로 40만원을 받으니 자기만 열심히 하면 한 달에 1,000만원의 수입도 가능하다. 일당이 비슷하니 배우기 쉬운 일을 빨리 배우는 게 좋을 것 같겠지만 꼭 그렇지도 않다. 배우기 쉬운 일들은 그만큼 그 일을 하는 사람이 많다는 말이기도 하다. 같은 일을 하는 사람이 많으면 많을수록 경쟁은 심해질 뿐이다. 인테리어 청소의 경우 한두 달만 따라다니고 장비를 구입하면 업체를 차릴 수도 있다. 하지만 목수의 경우는 최소한 10년 이상을 배워야 '목수' 소리를 들을 수 있다. 그러다 보니 실력 좋은 목수를 만나기가 쉽지 않다. 그러니 목수는 한 번 기술을 배워 놓으면 체력이 허락할 때까지 일을 할 수 있다. 정해진 정년이 없다. 그래서 가능하다면, 누구나 쉽게 배울 수 있는 일보다는 배우기 힘들더라도 오래도록 할 수 있는 기술을 익히라고 말하고 싶다.

그런데 기술을 배우고 싶다고 해서 배울 수 있는 것이 아니다. 노가다 현장의 진입 장벽은 의외로 높다. 노가다를 해야지, 하고 마음을 먹어도 어디서부터 어떻게 해야 할지 막막하다. 직업 훈련소 같은 곳에서 기술이야 배울 수 있겠지만 기술이 현장으로 이어지는 것은 완전히 다른 이야기다. 목수에게는 현장이 있어야 한다. 이론을 배우고 실습을 해 볼 수 있는 직업 훈련소도 필요하겠지만 진짜 목수가 되기 위해서는 오랜 시간이 필요하다. 현장에서 자재를 나르고, 청소를 하고, 선배 목수들이 일을 할 때 옆에서 데모도를 해 주는 시간을 지나야 한다. 실제로 해 보지 않고서는 도무지 알 수 없는 일들이 있다. 그래서 현장이 필요하다. 선배들의 시간을 지식으로 삼아 그 위에 나의 경험들을 쌓아 나가는 현장 말이다. 그렇기 때문에 직업 훈련소에서 수업을 받고 현장에 나오더라도 처음부터 다시 배운다는 마음으로 일을 해야 한다. 그런데 현장은 바쁘게 돌아가기 때문에 처음 일을 배우는 이들에게 친절하지 않다. 그래서 책임지고 기술을 가르치고, 현장에 데리고 다니며 밥벌이를 할 수 있도록 도와주는 사람이 필요하다. 이렇게 아버지나 형제의 도움으로 기술을 익힐 수 있으면 그 사람은 노가다 금수저라고 할 수 있다.

간혹 노가다 현장에서 만나게 되는 대부분의 20대는 노가다 금수저들이다. 하루는 샷시 작업을 위해 금속 사장님이 오셨는데, 못 보던 청년이 한 명 따라왔다. 그런데 그 청년이 계속 사장님한테 반말을 하는 게 아닌가. 알고 보니 사장님의 아들이었다. 아버지를 따라다닌 지 벌써 3년 정도의 시간이 지났고, 이제는 30대가 되어 버린 사장님의 아들은 제법 노가다꾼의 태가 나온다. 에어컨 사장님도 종종 아들을 데리고 나와 일을 가르치고 계신다. 전기 반장님은 군대에 가기 전에 경험 삼아 일을 해 보겠다는 조카를 데리고 오기도 한다. 은퇴한 친구를 데리고 다니며 기술을 가르치던 목공 반장님의 친구는 이제 경력 10년차의 '목수'가 되었다. 금수저들은 기술만 물려받는 것이 아니라 아버지의, 삼촌의, 형제의 거래처까지 넘겨받는다. 일을 배우다가 힘들어 그만두더라도 언제라도 다시 일을 할 수 있는 기회가 있다. 하지만 아는 사람 하나 없는 노가다 흙수저는 어떨까. 기술을 배울 기회도 많지 않고 한 번 놓치면 다시 기회를 잡는 것이 거의 불가능하다. 인력사무소가 유일한 수저인 사람들은 일을 구하기 위해 조금 더 일찍 일어나야 하고, 가장 힘든 일을 하고도 가장 적게 벌어야 한다. 그런데 노가다 금수저는 숙련된 기공에게 일을 배워 금세 기공이 되어 28만원의 일당을 받아 간다. "일을 배우고 싶다"는 연락이 온다. 현장은 정해져 있고, 보통 4명이 한 팀을 이루다 보니 초짜의 자리는 많아야 한 자리다. 고민이 깊어진다. 어떻게 하면 기술을 가르치고, 기술이 현장으로 이어질 수 있도록 도울 수 있을까.

손에 망치를 들면
모든 게 못으로 보인다

이제 막 건설을 끝내고 분양을 시작한 상가 가벽 공사를 하기 위해서는 먼저 콘크리트 벽에 달려 있는 외지핀(거푸집/유로폼을 연결해서 고정하는 핀)을 제거해야 한다. 외장 벽체를 공사하는 분들이야 외지핀을 제거할 일이 많으니 쉽게 제거할 수 있는 도구를 만들어 사용하지만 내장 목수들의 경우는, 필요할 때만 제거하기에 보통 망치를 이용한다. 그런데 망치를 들고 외지핀을 제거하다 보면 외지핀뿐만 아니라 망치로 못도 구부리고, 공구리 똥도 떼어 내고 있는 자신을 발견한다. 굳이 하지 않아도 되는 일인데 말이다.

'손에 망치를 들고 있으면 모든 게 못으로 보인다.'

흔히 '매슬로우의 망치'라고 불리는 이 문장은 실은 에이브러햄 캐플런과 에이브러햄 매슬로우가 했던 말을 의역한 문장인 듯하다. 내가 그랬던 것처럼 망치를 들고 있으면 모든 문제를 그 망치로 해결하려 하는 현장의 모습에서 영감을 얻은 문장이지 않을까 예상해 본다. 그런데 모든 문제를 망치로만 해결하려다 보면 모든 문제의 해결 방법이 망치일 것이라고 믿게 된다. 심한 경우 모든 것이 문제로 보이는 지경에 이른다. 모든 것을 해결해야 할 문제로 여기는 사람들, 그리고 자기 손에 들린 망치가 유일한 해결 방법이라는 식의 생각을 가진 사람들과의 소통이 얼마나 힘든 일인지 누구나 알 것이다. 하지만 모두가 알듯이 하나의 연장만으로는 모든 문제를 해결할 수 없다. 모든 문제를 해결하는 만병통치약 같은 만능 망치는 존재하지 않는다. 그렇기 때문에 문제에 알맞은 연장을 잘 골라야 하며, 그 연장을 잘 사용해야 문제를 효과적으로 해결할 수 있다.

목수 일도 마찬가지다. 목수는 아무리 좋은 사람이라 할지라도 일을 못하면 소용이 없다. 목수 일을 가능하게 하는 것이 연장이다. 현장에서 자신이 어떤 목수인지를 보여 주는 것은 연장이다. 현장에서 목수들이 공동으로 사용하는 연장만 보통 1톤 화물차로 한 가득이다. 원장 합판을 자르는 재단다이(톱다이), 각재를 자르는 고속절단기, 콤푸레셔, 타카총, 수직 수평을 맞추는 레벨기 등. 물론 이런 장비들 없이도 일을 하던 때가 있었다. 불과 30년 전만 해도 목수들이 한 번 현장에 들어가면 최소 한 달 이상 일을 했다고 한다. 고속절단기가 없어 일일이 톱으로 나무를 잘라야 했고, 타카(콤푸레셔를 이용해 못을 박는 기구)가 없으니 하나하나 망치로 못을 박았다. 그러니 공사 기간이 지금보다 몇 배는 길었다고 한다. "그때가 좋았어." 예전과는 비교할 수 없을 정도로 연장이 발달했고, 그만큼 공사 기간이 줄면서 벌이도 줄어들었기에 하는 말이다. 이 많은 연장을 보면서 어떤 이들은 요즘은 연장이 일을 다 한다고 말하지만 연장보다 중요한 것은 그것을 사용하는 목수의 솜씨다. 연장이 좋다고 무조건 좋은 결과물이 나오는 것은 아니다. 그래서 연장이 좋아도 결과물이 좋지 않은 목수들을 향해 '개목수'라고 부르기도 한다. 연장의 종류를 많이 알고 잘 다룰 줄 알아야 좋은 목수다. 상황에 따라 연장을 달리해야 안전하고 튼튼한 결과물이 나오기 마련이다. 그렇지 않으면 또 다른 문제를 초래할 뿐이다.

필요한 자리에 알맞은 연장을 사용하는 것보다 중요한 것은 그것을 사용하는 이의 숙련도다. 연장을 사용할 줄 안다는 것은 그저 단순히 사용 설명서에 적힌 사용 방법을 숙지했다는 의미가 아니다. 연장이 손에 익을 때까지, 그러니까 안전하게 사용할 수 있을 때까지 수없이 반복적으로 연습해야 한다. 목수들이 사용하는 연장 중 가장 마지막에 다룰 수 있는 것이 '재단다이'다. 톱다이라고도 불리는 재단다이는 고속으로 돌아가는 스킬(절단기)을 고정 시켜 놓고, 조기대에 합판을 밀착시켜 자르는 기구다. 목수들 중 손가락이 잘린 분들이 꽤 있는데, 대부분 재단다이에서 합판을 자르다가 사고를 당한 경우다. 가장 위험한 공구이기에 숙련된 목수들만이 사용할 수 있다. 몇 번 연습했다고 사용할 수 있는 연장이 아니다. 하나의 연장을 제대로 사용하기 위해서는 그만큼 많은 상황에서 연장을 사용해 본 경험들이 축적되어야 한다. 목수는 자신의 한계를 인정해야 한다. 자신이 모르는 연장이 있을 수 있고, 알고 있을지라도 제대로 다루지 못하는 연장이 있음을 겸손히 인정하는 용기가 필요하다. 줄곧 자신의 손에 들린 망치를 만능 망치라고 생각하는 사람들을 마주한다. 그 망치에 맞아 아파하는 이들이 있다는 사실을 알기는 할까. 스스로 의롭다고 확신하고 남을 멸시하는 사람들에게 예수는 이 비유를 전했다.

두 사람이 기도하러 성전에 올라갔다. 한 사람은 바리새파 사람이고, 다른 한 사람은 세리였다. 바리새파 사람은 서서, 혼자 말로 이렇게 기도하였다. '하나님, 감사합니다. 나는, 남의 것을 빼앗는 자나, 불의한 자나, 간음하는 자와 같은 다른 사람들과 같지 않으며, 더구나 이 세리와는 같지 않습니다. 나는 이레에 두 번씩 금식하고, 내 모든 소득의 십일조를 바칩니다.' 그런데 세리는 멀찍이 서서, 하늘을 우러러볼 엄두도 못 내고, 가슴을 치며 '아, 하나님, 이

죄인에게 자비를 베풀어 주십시오' 하고 말하였다. 내가 너희에게 말한다. 의롭다는 인정을 받고서 자기 집으로 내려간 사람은, 저 바리새파 사람이 아니라 이 세리다. 누구든지 자기를 높이는 사람은 낮아지고, 자기를 낮추는 사람은 높아질 것이다.

누가복음 18:10-14

원래 바리새인들은 정치와 종교가 타락하자 하나님의 말씀을 연구하여 경건하게 살아가자는 저항 운동에 앞장섰던 사람들이다. 그런데 시간이 지나면서 그들의 경건은 위선으로 전락하고 말았다. 여러 이유가 있겠지만 자신의 해석이 유일한 해석이 되어야 한다는 생각, 그러니까 자신을 기준으로 상정한 것이다. 바리새인들의 기준에서 세리는 용서받지 못할 죄인이었다. 그래야 세리와 같지 않은 자신이 의인에 자리에 설 수 있기 때문이다. 수많은 연장 중 그저 하나의 망치일 뿐인데, 그것이 마치 유일한 연장인 것처럼 망치를 휘두르는 바리새인의 모습은 오늘날 교회의 모습과 너무도 닮았다. 진리는 먼저 자기 자신을 향해야 하는데, 망치를 들고 세상 모든 것을 못으로 보고 있는 것인지도 모르겠다. "아, 하나님, 이 죄인에게 자비를 베풀어 주십시오." 세리의 이 고백, 자신이 틀릴 수도 있다는 두렵고 떨리는 마음이 우리를 의로운 길로 인도할 것이다.

우리에게 필요한 공손함은 말을 조심하는 데서 오지 않는다. 그것은 차이의 가치를 인정하는 데서 온다.
파커 J. 파머Parker J. Palmer

나무에게
배운 것들

목수 일을 하다 보니 아무래도 나무를 많이 다루는데, 그럴 때마다 나무에게 배우는 것들이 있다. 나무는 자신을 아낌없이 내주며, 우리를 가르치기도 한다. 목수들이 가장 많이 다루는 나무 중 하나가 '다루끼'다. 다루끼는 30*30*3600으로 재단된 12개의 각재가 하나로 밴딩되어 있다. 하나로 묶여 있을 때는 반듯하게 보이던 다루끼를 사용하기 위해 풀어 보면 심하게 휜 각재들을 만나게 된다. 그대로는 사용할 수 없다. 짧게 잘라서 사용하거나 폐기 처분을 해야 한다. 벽체를 세울 때 사용하는 '투바이'(소송각재 30*70*3600)는 특히 반듯한 나무를 사용해야 한다. 그런데 산에 있는 나무를 생각해 보았을 때 직선으로 자란 나무는 없다. 아무리 재단을 한 나무일지라도 나무는 어느 정도 휘어져 있기에 벽체를 반듯하게 세우기 위해서는 나무에 톱을 넣어 억지로 고정을 해야 한다. 그렇게 해서라도 원하는 모습으로 만든다. 문제는 이런 휘어진 나무를 골칫거리로 여기는 시선이다. 원래 나무는 그 생긴 모습이 다 다르지만 재단된 나무는 다 같은 모습(크기)이다. 왜 이렇게 동일한 모습으로 나무를 재단하는 것일까. 사용하기 편하기 때문이다. 사용하기 편하다는 것은 그만큼 일을 빨리할 수 있다는 말이기도 하다. 빠르기만 하면 그만인 것일까.

자라난 장소에 따라 나무에도 각기 다른 성질이 붙습니다. 산에 직접 가서 나무를 보면 이것은 이러한 나무이니 거기에 쓰자, 이건 이런 나무이니 왼쪽으로 비틀린 저 나무와 짝을 맞추면 좋겠다. 이런 것을 산에서 보고 알 수 있는 것입니다.

니시오카 쓰네카즈Nishioka Tsunekazu

나무의 원래 모습에는 관심이 없고 쓸모에 따라서 억지로 재단을 하다 보니 나무는 본래의 모습으로 돌아가려고 한다. 그저 원래 자신의 모습으로 돌아가려는 몸부림일 뿐인데, 그게 문제가 되어 버린 세상이다. 자재를 고르기 위해 산을 오르던 목수들은 이제 목재소에 가서 필요한 사이즈를 말한다. 모두 동일한 모습이니 이 나무가 어떤 나무인지, 어떤 환경에서 자랐는지 알 수 없다. 이제 나무는 '합판' 또는 '각재'로 불리며 그저 건설 자재로 분류될 뿐이다. 나무는 본래의 성질대로 돌아가려 한 것뿐인데, 그 나무는 (사용하기에) 나쁜 나무가 되어 버려지고 있다. 그러다 보니 사용 가능한 나무가 줄어들 수밖에 없다. 나시오카 쓰네카즈의 말처럼 나무는 알뜰히 사용하고, 바로바로 심는다면 부족하지 않게 사용할 수 있다. 하지만 우리 사회는 나무뿐만 아니라 사람마저도 쉽게 낭비하고 있는 것은 아닌지 모르겠다.

각자가 가진 개성과 각자에게서만 찾을 수 있는 가치가 존재함에도 불구하고 본래 모습과는 상관없이 세상이 요구하는 모습으로 만들어져 가고 있는 요즘 아이들의 모습에서 뒤틀린 나무가 보인다. 어떤 아이는 운동을 잘하고, 그림을 잘 그리고, 노래를 잘한다. 춤을 잘 추는 아이도 있고, 게임을 잘하는 아이도 있다. 잘하는 게 전부 다르다. 이렇게 다양한 사람들이 모여 세상은 아름다워진다.

우리는 자신만이 할 수 있는 일을 위해 세상으로 보냄 받은 하나님의 선물이다. 그렇다면 내가 어떤 선물인지를 알아가는 과정이 필요한데, 이를 '교육'이라 말할 수 있다. 교육은 그 말의 뜻처럼 가르치고敎 기르는育 일이어야 하지만 효율성을 위해 개성은 무시되고, 학생 모두가 동일한 모습으로 재단되고 있다. 정보를 주고받는 가르침은 있지만 길러 내는 일은 부족한 실정이다. 길러 낸다는 것은 무엇일까. 목수는 나무에게 배운다고 하지만 나무는 목수를 가르치지 않는다. 결국 배움은 스스로 터득하는 것이다. 현장에서 일하기 가장 힘든 때가 언제인지 아는가. 바로 반장이 쳐다보고 있을 때다. 가르쳐 주는 사수가 쳐다보고 있으면 별것도 아닌 일인데도 버벅거리기 일쑤다. 그렇다고 혼나는 게 무서워, 시키는 일만 하다 보면 일이 늘지 않는다. 스스로 하다가 실수도 해 보고, 혼도 나야 한다. 그러다 보면 가끔 잘했다는 소리도 듣는다. 그렇게 목수로 길러지는 것이다. 그래서 배움은 스스로 터득하는 것이지만 동시에 좋은 스승이 곁에 있어야 한다. 배운다는 것은 좋은 스승이 곁에 있고, 거기에서 스스로 배우는 일이다. 가르침과 길러 냄, 그리고 배움이 함께하는 교육을 위해서는 모두가 동일하다고 생각하지 말아야 한다.

하나님이 말씀하시기를 "우리가 우리의 형상을 따라서, 우리의 모양대로 사람을 만들자. 그리고 그가, 바다의 고기와 공중의 새와 땅 위에 사는 온갖 들짐승과 땅 위를 기어다니는 모든 길짐승을 다스리게 하자" 하시고, 하나님이 당신의 형상대로 사람을 창조하셨으니, 곧 하나님의 형상대로 사람을 창조하셨다. 하나님이 그들을 남자와 여자로 창조하셨다.

창세기 1:26-27

인간은 다 다르다. 모두가 다르니까 인간이다. 기독교는 인간을 가리켜 '독특하고 특별하게 지음 받은 존재'라고 고백한다. 그것이 '하나님의 형상'이다. 다양한 신학적 대답이 있겠지만 창세기 1장은 하나님의 형상이 남자와 여자의 모습으로 드러났다고 설명한다. 남자와 여자의 언어와 사고방식이 얼마나 다른지 존 그레이는 《화성에서 온 남자 금성에서 온 여자》라고 표현했다. 서로 다른 남자와 여자이지만 서로의 다름을 인정하고 받아들이는 마음을 통해 하나님의 형상은 실재實在가 된다. 그런데 서로의 다른/낯선 모습에 매력을 느껴 결혼에 이르게 된 부부조차도 시간이 지나면서 나를 설레게 했던 상대방의 '다름'을 불편하게 여기기도 한다. 다름이 불편해지기 시작하면서 그것은 '틀림'이 된다. 세상은 그렇게 하나님의 형상을 잃어버렸고, 나와의 다름을 틀림이라며 타자를 지워 버리려고만 한다.

어려서부터 무지개는 7가지 색깔이라고 배워 왔다. 그런데 문화(언어)에 따라 무지개는 2가지 색이 되기도 하고, 3가지 색이 되기도 한다. 우리도 예전에는 '5색 무지개'라며 무지개의 색을 5가지로 인식했다. 이러한 차이를 사진작가 프랑코 폰타나는 "색은 우리가 말을 걸 때 존재한다"

는 말로 설명한다. 빨강과 주황 사이에는 아무런 색도 없을까. 아니다. 그 사이에는 무수히 많은 색이 존재하지만 이름이 없을 뿐이다. 그러니까 우리는 무지개에 있는 색을 본다기보다는 우리의 언어 속에 있는 단어로 무지개의 색을 보는 것이라 할 수 있다. 새로운 어떤 것을 생각하는 것보다 오랜 확신으로부터 벗어나는 일이 훨씬 어렵다. 오랫동안 '틀림'이라고 여기며 살아왔던 것들을 '다름'으로 인정하고 받아들이는 일, 이름 없는 존재들을 기억하고 이름을 불러 주는 일에는 큰 용기가 필요하다. 존재하지만 불려지지 않는, 혹은 지워진 존재들을 기억하고 그들의 이름을 불러 주는 사람들을 통해 하나님의 형상이 회복될 수 있다면, 이는 다 같이 용기를 내어 볼 만한 일이 아닐까.

세상에는 많은 문화와 문명과 종교가 있지만 하나님은 우리에게 함께 살아갈 하나의 세상만 주었다.
조너선 색스Jonathan Sacks

도로 위에서 드리는
새벽 기도

같이 일하시는 분들이 왜 김포로 이사를 했냐고 묻는다. 그러면 김포에 살게 되면서 좋은 점들을 말한다. 그중 가장 좋은 것은 양평과는 비교할 수 없을 정도로 편리해진 교통편이다. 대중교통은 말할 것도 없고 올림픽대로나 외곽순환고속도로, 자유로와 강변북로까지. 이용 가능한 도로가 많다. 대부분의 현장이 서울이나 수도권에 있다 보니 이용할 수 있는 도로가 많은 것이 장점이다. 그래서 지하철도 있고 서울까지 직통버스가 있어서 대중교통을 이용하기 좋다고 말하면 서울 가는 길은 어디든 좋다는 답변이 돌아온다. 생각해 보니 그렇다. 서울을 중심으로 수도권 어디라도 길이 잘 정비되어 있어서 서울을 오가는 길은 편리하다. 편하던 길이 불편하게 된 이유는 무엇일까. 언제부터 불편해진 것일까. 처음에 김포로 이사를 왔을 때만 하더라도 새벽 6시 전에만 나가면 정체 현상이 별로 없었다. 그런데 언제부턴가 6시에 나갔더니 차가 막히는 날이 있었고, 그것을 경험 삼아 10분 일찍 나가면 또 괜찮았다. 그렇게 10분, 또 10분. 이제는 새벽 5시 30분에 집을 나서도 어느 정도의 정체는 예상해야 한다.

특히 월요일은 다른 날에 비해 차가 더 많이 막히기 때문에 (아마도 주말에 밀렸던 물류 차량이 월요일에 이동을 시작하기 때문에) 다른 날보다 30분 정도는 일찍 집을 나서야 시간에 맞춰 현장에 도착할 수 있다. 한 번은 현장에 처음으로 일을 배우러 오시는 분이 시간이 지났는데도 도착을 하지 않아 무슨 일이 있나, 생각하고 있는데 전화가 왔다. 분명히 어제 검색했을 때는 1시간이면 충분히 도착할 수 있는 거리라 30분 일찍 출발했는데도 아직 30분이 남았다는 거다. 현장은 8시면 작업을 시작하기 때문에 노동자들은 보통 30분 전에 도착을 한다. 그런데 경험상 7시 30분까지 현장에 도착하는 게 참 애매하다. 그래서 꽉 막힌

도로에서 시간을 보내느니 일찍 도착해서 한숨 자는 게 낫다던 선배 목수들의 조언이 이제는 습관이 되어 일을 시작하기 1시간 전이면 현장에 도착한다. 그런데 월요일은 정말 예측 불가능하다. 출발할 때만 해도 도착 예정 시간이 6시 57분이었는데, 올림픽대로에 들어서자마자 20분이 늘더니 도착 예정 시간이 계속 더 늘어난다. 그래도 8시를 넘기는 경우는 없다. 조바심을 낸다고 되는 일도 아니니, 차가 막히기 시작하면 새벽 기도를 시작한다.

'주님, 이른 새벽부터 일터로 나서야 하는 모든 노동자에게 한없는 당신의 은총을 내려 주소서.'

안 그래도 첫 번째 현장이라 긴장을 많이 했을 텐데 8시가 넘어서야 겨우 도착한 새로운 동료에게 괜찮다며 목수들은 보통 1시간 전에 도착해서 한숨 자기도 한다고 선배들이 나눠 준 경험을 다시 나누었다. 현장에 일찍 도착할 수 있도록 출발하다 보니 집에서 아침을 먹고 나오는 경우가 드물다. 그래서 고속도로를 이용하는 날이면 휴게소 음식점을 이용하려 하지만 이 또한 여의찮다. 대부분의 휴게소 음식점은 아침 8시에 영업을 시작하기 때문이다. 이래 저래 피곤한 아침이다. 그나마 출근길은 일찍 출발하면 정체 현상을 피할 수 있지만 퇴근길은 빼도 박도 못한다. 정말 30분 차이일 뿐이다. 30분만 일찍 나오면 도로 정체가 덜하고 집에 빨리 도착할 수 있다. 그래서 정체 현상이 심한 도로를 이용해 출퇴근을 해야 하는 현장이면, 30분 일찍 일을 시작해서 30분 일찍 일을 마치기도 한다. 서울에서 가까운 곳이 아닌 서울에 산다는 건 어떤 걸까. 서울에 살 수 없어 서울에서 가까운 김포에 자리를 잡았는데, 어찌 된 일인지 전세 계약 기간이 지날 때마다 서울에서 점점 더 멀어진다. 이제는 서울보다 강화도가 더 가깝다. 서울에서 멀어진다는 것은 '중심'으로부터 멀어진다는 말이며, 힘이 없다는 말이기도 하다. 힘은 항상 중심을 향하기 때문이다.

세상의 중심을 권력이나 자본으로 정하지 않고, 이 세상의 중심을 상처받은 곳에 둔다면 어떤 결과가 일어날까. 권력과 돈을 보기 전에 세상의 중심인 상처받은 곳부터 본다면 그 순간부터 이 세상은 사랑과 혁명을 경험하게 될 것이다.
김응교

김응교 교수의 말처럼 약자가 중심이 되는 세상이 온다면 어떤 모습일지 상상해 본다. 그런 곳이 있을까.

하루는 아이들과 함께 차를 타고 이동을 하고 있었다. 아내는 추위를 많이 타는 편이고, 둘째 아이는 덥고 답답한 것을 참지 못한다. 아직 본격적인 더위가 시작되지 않았지만 아들이 뒤에서 덥다며 울음을 터뜨렸고 아내는 담요를 하나 꺼내 덮은 뒤 에어컨을 틀었다. 차 안의 온도는 우리 집에서 가장 힘이 센(?) 아내 중심이 아니라 가장 약한 아이들 중심으로 결정된다. 약자가 중심이 되는 사회는 가능할까, 라는 물음은 정의와도 매우 밀접하게 관련한 질문이다. 힘이 있는 사람들은 정의로운 세상을 원하지 않는다. 힘의 중심이 자신에게, 자신이 힘의 중심에 있기를 원할 뿐이다. 어떻게 해야 할까.

누가복음 4:14-21은 '예수의 나사렛 설교'로 알려진 본문이다. 누가는 예수께서 성령의 능력으로 갈릴리에 들어

가셨다며 배경을 설명하고 성령께서 오시는 이유를 말한다. 성령은 무엇을 하시기 위해 오시는 것일까.

"주님의 영이 내게 내리셨다. 주님께서 내게 기름을 부으셔서, 가난한 사람에게 기쁜 소식을 전하게 하셨다. 주님께서 나를 보내셔서, 포로 된 사람들에게 해방을 선포하고, 눈먼 사람들에게 눈 뜸을 선포하고, 억눌린 사람들을 풀어 주고, 주님의 은혜의 해를 선포하게 하셨다."

누가복음 4:18-19

성령의 능력으로 예수는 강자가 중심이 되어 정의롭지 못한 사회에서 폭력과 억압의 대상이 되어 버린 약자들에게 자유와 해방을 주기 위해 '은혜의 해'를 선포하신다. 은혜의 해, 곧 희년은 7월 10일에 숫양의 뿔로 만든 나팔 소리가 울리게 되는데, 이 신호와 함께 종들은 자유인이 되고 땅은 원래 주인에게 돌아가게 된다. 50년을 기다려 온 소리다. 그날이 오기는 할까, 근근이 하루하루를 버티며 살아 온 사람들에게 실제로 나팔 소리가 들려왔을 때 얼마나 기뻤을까. 그런데 정말로 희년이 지켜진 적이 있었을까. 힘없고 가난한 자들을 위한 좋은 소식은 강하고 부유한 사람들에게는 좋지 않은 소식이다. 50년을 내 종, 내 땅으로 생각하며 살았는데, 하루아침에 그것을 포기하는 일이 가능했을까. 희년을 가능하게 하는 것은 무엇일까. 지극히 작은 자 하나를 자신과 동일시하던 예수에게서 그 대답을 들을 수 있다.

그때에 의인들은 그에게 대답하기를 '주님, 우리가 언제, 주님께서 주리신 것을 보고 잡수실 것을 드리고, 목마르신 것을 보고 마실 것을 드리고, 나그네 되신 것을 보고 영접하고, 헐벗으신 것을 보고 입을 것을 드리고, 언제 병드시거나 감옥에 갇히신 것을 보고 찾아갔습니까?' 하고 말할 것이다. 임금이 그들에게 말하기를 '내가 진정으로 너희에게 말한다. 너희가 여기 내 형제자매 가운데, 지극히 보잘것없는 사람 하나에게 한 것이 곧 내게 한 것이다' 할 것이다.

마태복음 25:37-40

'지극히 작은 자'는 중심으로부터 멀어진 소외된 사람들이며, 예수는 그런 낯선 모습으로 우리를 찾아오신다. 하지만 악인도 의인도, 지극히 작은 한 사람의 모습을 한 예수를 알아보지 못한 채 "주님, 언제 저를 찾아오셨습니까?"라며 묻는다. 성경은 힘없는 연약한 모습으로 찾아오시는 낯선 예수를 먹고 마시게 하는 일이 습관처럼 몸에 배어 "우리가 언제?"라고 묻는 사람들을 향해 '의인'이라고 말한다. 처음엔 사람이 습관을 만들지만 나중엔 습관이 사람을 만든다고 한다. 그래서 우리의 습관은 영성이다. '나만을 위한' 신앙으로부터 돌이켜 희년의 나팔 소리를 50년이나 간절히 기다려 온 사람의 마음을 있는 그대로[#] 느끼며^感 살아가기를 기도해 본다.

주님의 기도문에 처음부터 끝까지 나 하나만을 위한 기도말은 없다. 한결같이 우리 모두를 위한 기도다. 나만을 위한 기도는, 곧 나만을 위한 삶이 있을 뿐이다. 주기도문은 앉아서 입으로 외는 기도가 아니다. 행동하는 기도, 살아있는 기도다.
권정생

커 피
드 세 요 !

현장에서의 가장 반가운 소리는 "식사하고 하세요", "오늘
그만하고 내일 하시죠!" 그리고 "커피 드세요"라는 말이다.
일 시작하기 전에 한잔, 10시 휴식 시간에 한잔, 오후 일
시작 전 또 한잔, 그리고 오후 3시 휴식 시간 마지막으로
한잔, 커피를 핑계 삼아 하던 일을 멈추고 둘러앉아 잠시
휴식을 취한다. 그렇게 네 잔의 커피를 마셔야 하루 일과
가 끝이 난다. 커피를 마시며 서로의 이야기에 귀를 기울
이고 듣는다. 건강 검진에서 암 세포가 발견되어 아내 분
이 항암 치료를 받게 되었다는 이야기, 유일한 취미가 낚
시인데 갈치를 잡으러 제주도에 다녀온 이야기, 새로 나온
공구를 구입해서 사용해 본 이야기. 서로의 이야기를 들어

주고, 공감해 주는 시간들이 쌓이며 우리는 '동료'가 되어 간다. 그러니까 하루 네 잔의 커피는 서로의 이야기에 귀를 기울이며 '동료'가 되어 가는 시간을 만들어 준다. 금속 사장님은 제주에 가서 잡은 갈치를 택배로 보내 주시고, 목수 형님은 시골에서 보내왔다며 새우장과 갓김치를 건네 준다. 낡은 커피포트가 신경이 쓰였는지 자기 것 살 때 하나 더 샀다며 건네시는 전기 반장님, "내가 나중에 형님 교회 장로 할 거예요!"라며 농섞인 말을 던지는 목수 동생까지. 모두가 고마운 나의 동료들이다. 이 고마운 분들은 어떻게 나의 곁이 되어 준 것일까.

생면부지의 사람들이 동료가 된다는 것은 놀라운 일이다. 나의 하루와 저이가 보내는 하루가 크게 다르지 않다는 생각이 동료의 삶을 이해하고 공감하게 한다. 이런 사실이 가장 잘 나타나는 시간이 바로 커피를 마시는 시간이다. 특히 오후 커피 타임에는 다들 전화 통화하기 바쁘다. 현장이 마무리되어 갈 때는 보통 전화를 거는 쪽이고, 일이 한창 진행될 때는 전화를 받는 쪽이다. 목수들은 한 현장이 마무리될 때면, 다음 현장을 알아보기 위해 여기저기 전화를 돌린다. 공치는 날이 길어지면 곤란하기 때문이다. 그런데 신기한 건 그렇게 수십 년간 일을 쉬지 않고 이어 오고 있다는 사실이다. 정해진 직장이 있는 것도 아닌데 어떻게 그 오랜 시간 일을 할 수 있었던 걸까. 다 동료들 덕분이다. 전화하는 걸 가만히 들어보면 누구 하나 전화를 가볍게 여기지 않는다. 거기 일할 자리 없냐는 동료의 전화를 받고는 잠시 기다려 보라며 전화를 끊는다. 우리 현장에는 자리가 없기에 다른 동료 목수에게 전화를 넣는다. 자신의 일할 자리를 묻는 것이 아니다. 다른 동료 목수의 일할 자리를 자신의 일처럼 알아본다. 이렇게 서로가 서로의 일을 걱정해 주며 자리를 채워 간 덕에 그 오랜 시간을 쉬지 않고 일할 수 있었던 것이다. 그러고 보니 애면글면 살아가는 나와 가족의 삶이 지속 가능할 수 있었던 것 또한 동료들의 '불쌍히 여기는 마음' 때문이었다.

정현종 시인은 《비스듬히》라는 시에서 "생명은 그래요. 어디 기대지 않으면 살아갈 수 있나요?"라고 묻는다. 시인에 따르면 인간이란 용기를 내어 비스듬히 기대는 이들을 비스듬히 받치는 존재들의 합이다. 그런데 '홀로' 살아가려는 듯한 이들을 너무도 자주 만나게 된다. 공사를 따기 위해 굽신거리던 업자가 날림으로 공사를 해 놓고 배 째라며 갑질을 하는 이야기를 많이 듣는다. 반대의 경우도 많다. 이름만 대면 알 만한 아파트의 안방 리모델링 공사를 하고 싶다는 연락을 받았다. 예산이 부족하다며 돈에 맞춰 공사를 진행해 달란다. 어떻게 하면 부족한 돈으로 가성비 좋게 공사를 할지 고심 끝에 공사를 시작했다.

3일 만에 목공 공사를 마치고 집에 돌아왔는데 집주인으로부터 전화가 왔다. "목사님, 내일부터는 직접 일을 하는 것도 아닌데 인건비를 드려야 하나요?" 다들 이렇게 생각하는 건가. 하나의 현장을 진행하기 위해서는 공사가 시작되기 전에 현장을 방문해서 실측을 하고, 디자인을 뽑는다. 공사비를 줄이기 위해서는 공사 기간을 단축해야 하는데, 그러기 위해 인부들과 스케줄을 조절하는 일이 매우 중요하다. 시간이 된다고 무조건 그분들의 스케줄에 맞추면 일이 엉망진창이 되기 때문이다. 하나의 현장을 쳐내기 위해서는 신경을 써야 할 일이 한둘이 아니라는 말이다. 이 모든 것에 시간과 노동력이 들어간다. 공사가 진행되는 내내 현장을 관리하고 감독하는 사람의 역할이 얼마나 중요한지는 두말할 필요도 없다. 그런데 이런 모든 노력은 보이지 않는다는 이유로 하찮게 여겨지는 것 같다. 어이가 없었지만 그래도 좋게 마무리를 지으려고 "그럼 제가 현장에 직접 가서 있을 수는 없고요. 공사를 진행할 분들을 연결시켜 드릴 테니 알아서 마무리하셔야 합니다"하고 전화를 끊었다.

돈이 없어서 살릴 것은 살리고 꼭 필요한 부분만 공사를 하겠다고 해서 최대한 있는 것을 살려서 공사를 해 줬더니 우리가 하지도 않은 부분을 A/S 해 달라는 전화를 받을 때도 있다. 이제는 공사가 끝난 곳에서 전화가 오면 가슴이 철렁 내려앉을 정도다. 그중에서도 가장 힘든 공사 현장이 교회다. 쉽게 이야기해서 성도가 100명이면 사장이 100명이란 소리가 된다. 천정을 노출로 하고 싶다고 하길래 투명으로 칠을 해 드리겠다고 말하고 합의를 봤다. 냄새가 많이 나지 않고, 몸에 조금은 덜 해로운 친환경 제품으로 칠을 해 드렸다. 그런데 이튿날 와서는 이전위원회 중 어느 분이 마음에 들지 않는다고 말했다며 흰색으로 다시 칠해 달라고 요청을 해 온다. 한 사람이 이틀을 일했는데, 다시 해 달라니. 맥이 빠졌지만 마음에 안 든다니 어쩌겠나. 이것은 누구의 잘못이 아니라 그저 개인의 취향일 뿐이기에 추가되는 인건비와 자재비를 청구했다. 그랬더니 당연히 그냥 해 줘야 하는 거 아니냐는 대답이 돌아왔다. 난색을 표했고, 자재만 교회에서 대 주는 것으로 마무리를 했다. 현장에서 가장 당혹스러운 말이 '당연히'다. 도대체 사람들은 무엇을 기준 삼아 당연하다고 말하는 걸까. 교회 재정이 부족하다며 "싸게 잘 부탁한다"던 말은 결국엔 '손해는 너희 몫이어야 한다'는 말이었던 것이다. 물론 성도들이 드린 헌금이 허투루 사용되는 일은 없어야 한다. 그렇다고 정직하게 땀을 흘린 정당한 노동의 대가를 빼앗는 일이 발생해서는 안 된다. 그런데 이러한 문제를 너무 쉽게 생각한다. 일하는 목회자이지 봉사하는 목회자가 아닌데도 말이다.

누가복음 10장에는 교회를 다니지 않는 사람이라 할지라도 한 번쯤을 들어 보았을 '선한 사마리아인의 비유'가 등장한다. 무엇을 해야 '영생'을 얻을 수 있냐는 질문으로 시작된 율법교사와의 대화에서 예수는 '하나님과 이웃을 사랑하라'는 대답을 이끌어 내신다. 그러자 이어서 내 이웃이 누구냐고 묻는 율법교사에게 예수는 강도 만난 자의 이웃은 누구냐며 되묻는다. 율법교사는 이웃이 누구인지만 알려 주면 사랑하겠노라 말한다. 이 말은 나의 사랑은 나의 이웃에게로만 향할 것이라는 말이기도 하다. 이렇게 우리는 이웃이 될 만한 사람과 그렇지 못한 사람을 구별하고는 사랑할 만한 사람을 사랑한다. 이웃의 자격을 따지고, 조건을 요구하는 우리는 율법교사와 다르지 않다. 하지만 비유에 등장하는 사마리아인은 일면식도 없지만 도움이 필요한 사람을 도움으로써 기꺼이 그의 이웃이 되어 준다.

우리 모두는 누군가를 사랑하는 사람인 동시에 때론 강도 만난 사람처럼 누군가의 도움 없이는 살 수 없는 상황에 처하곤 한다. 사마리아인도, 강도 만난 이도 모두 나의 모습과 닮았다. 우리 모두는 서로에게 기대며 살아가는 존재다. '서로 사랑하라'는 말씀을 '끼리끼리 사랑하라'는 말로 이해해서는 안 된다. 우리가 한 번도 만나 본 적 없고,

앞으로도 만나 보지 못할 이라 할지라도 그들에게 관심을 가지고 책임 의식을 느껴야 한다. 이 비유는 어떻게 해야 영생을 얻을 수 있는가, 라는 질문에 대한 답으로 주어진 비유라는 사실을 기억해야 한다. 어느 철학자의 말처럼 타인의 고통에 눈을 뜨게 될 때 우리의 진짜 삶은 시작될 것이다.

예수께서 그에게 말씀하셨다. "가서, 너도 이와 같이 하여라."
누가복음 10:37

교회의
새로운 표현들

교회의
위기

5년 이상 한 가지 일을 꾸준히 하다 보니, 내가 목공 일을 하고 있다는 사실을 기억해 주시는 분들이 늘었고 공사 의뢰가 들어오기 시작했다. 그러던 중, 2019년 페이스북을 통해 알게 된 어느 전도사님으로부터 연락을 받았다. 인천 검단에 조그만 악세서리 가게를 개업하는데 인테리어 공사를 도와줄 수 있냐는 것이었다. 빠듯한 형편에서 새로운 도전을 하시는 전도사님의 가정에 조금이라도 도움이 될 수 있기를 바라는 마음으로 정말 열심히 일을 해 드렸다.

"장사가 잘되면 매장을 더 많이 오픈할 거예요."

대부분 인테리어 계약을 맺을 때 '우리는 앞으로도 일을 더 맡길 수 있는 잠정적 고객이니 알아서 잘해 줘라'는 의미로 자주 듣던 말이기에 그냥 인사말처럼 흘려 넘겼다. 그런데 정말 몇 개월이 지나지 않아 전도사님으로부터 다시 연락이 왔다. 브랜드를 런칭해서 사업을 확장하게 되었다는 것이다. 그렇게 삼청동을 시작으로 종로, 대학로, 이화여대, 성신여대, 명동, 부산, 대구, 포항, 광주, 하남 스타필드 등 6개월 동안 20개가 넘는 매장의 인테리어를 진행했다. 대표는 조금 더 효율적으로 인테리어 팀을 운영하기 위해서 나에게 입사를 권유했고, 나는 회사의 인테리어 담당 상무로 근무하게 되었다.

현장에서 일하는 분들은 "일하는 게 제일 쉽다"는 말을 종종 하곤 한다. 현장에서 보내는 시간이 늘어나면서 그 말이 무슨 뜻인지 어렴풋하게나마 알게 되었다. 이제는 열심히 일만 하면 되니 이 얼마나 기쁜 일인가. 그런데 이 기쁨은 오래가지 않았다. 곧이어 도래한 팬데믹 때문이었다. 모든 자영업자가 힘들었지만 그중 큰 타격을 받은 업종이 바로 악세서리 관련 사업이었다. 경제가 어려워질수록 사람들의 소비는 '원함'이 아닌 '필요'에 따라 결정되기 때문이다. 더 큰 문제는 관광객의 감소였다. 오프라인 매장 소비자 대부분이 중국인 관광객이었는데, 코로나로 인해 손님을 구경하기조차 힘든 지경에 이르렀다. 명동 매장의 경우 월 임대료가 3,600만원인데, 월 매출이 1,400만원이니 더 이상 버틸 재량이 없었다. 성공하면 '대표님, 회장님' 소리 듣지만 실패하면 '범죄자, 범법자'가 되는 게 사업이라더라. 대표는 어떻게든 끝까지 책임을 지려고 했지만 한 사람이 감당하기에는 너무도 큰 시련이었고, 잘 나가던 회사는 끝내 문을 닫고 말았다.

팬데믹은 모두에게 위기였다. 회사와 가게뿐만 아니라 교회 또한 그동안 해 오던 대부분의 활동을 멈춰야 했고, 길을 잃은 것처럼 우왕좌왕하기 시작했다. 수없이 많은 교회가 문을 닫았고, 목회를 포기하는 목사들이 늘어났다. 평생 목회만 해 오던 분들이 직면한 생존의 문제를 해결하기 위해 생계 현장으로 뛰어들었지만, 자신들이 할 수 있는 일이 많지 않다는 사실에 절망하는 분들을 너무도 많이 만났다. 아마 이때부터였던 것 같다. 일과 목회를 병행하는 목회자들에 대한 관심이 높아지기 시작했고, 그래도 어느 정도 일과 목회를 안정되게 병행하는 이들의 사례를 소개하는 언론도 늘어났다. 이런 관심은 고마운 일이지만 때론 너무 늦은 것은 아닌가 하는 생각이 드는 것도 사실이다. 엄밀히 말해 교회의 위기는 훨씬 이전부터 이야기되어 왔기 때문이다. 교회의 양적 성장이 정점을 찍고 하락세로 접어들던 1990년대부터 위기는 언급되어 왔지만 대부분의 기독교인은 이 현실을 외면했다. 문득 궁금해서 아이들에게 물었다.

"반에 교회를 다니는 친구들이 있니? 몇 명이나 되니?"

교회를 다니는 친구가 아예 없는 학급도 있고, 한두 명이 보통이다. 선교학에서는 보통 복음화율이 3% 미만일 경우를 미전도종족이라고 정의한다. 대한민국 초등학교는 이미 미전도종족이 된 지 오래다. 그런데도 주일 학교 예산보다 성가대 예산을 더 높게 책정하는 교회들이 한둘이 아니며, 교회 학교 자체가 없는 교회도 계속 늘어나고 있다.

심지어 교회 학교를 담당할 사역자를 구하는 일은 만만찮다. 100만원 남짓한 사례비를 받으면서 육체적으로, 정신적으로 힘든 교회 사역을 하느니 차라리 주중에 일을 하고 주말이 있는 삶을 사는 게 낫다는 생각 때문일 것이다. 현장에서 사역하고 있는 전도사님에게 들은 이야기인데, 이름만 대면 알 만한 교회에서 부교역자 청빙 공고를 냈다고 한다. 이 교회의 경우 청빙 공고를 내면 '끌어올리기'를 할 필요가 없었다. 이 교회의 청빙 공고는 항상 엄청난 조회 수를 기록했고, 지원자들의 이력서로 넘쳐 났기 때문이다. 그런데 올해는 지원자들이 없어 계속 청빙 공고를 끌어올리고 있다고 한다. 유명한 교회가 이 정도이니 다른 교회는 말해 무엇하랴.

한동안 교회는 하드웨어를 갖추는 일에 힘써 왔다. 건물이 교회는 아니라지만 예수의 이름으로 두세 사람이 모이려면 장소가 필요했고, 무언가를 하기 위해 물적, 인적 자원이 필요했다. 그런데 교회가 지나치게 건물 중심으로 흘러가면서 건축에 대한 비판은 건축을 하는 교회는 건강하지 못한 교회라는 인식으로 이어졌다. 한편으로 이해가 가는 면도 있다. 함께 일하는 분 중 올해 재정위원회에 들어가신 분이 있다. 그런데 교회 예산의 30%가 교회 건축을 위해 받은 대출 이자로 지출되고 있다는 사실을 알게 되었고, 교회에 헌금하고 싶은 마음이 사라졌다고 한다. 그렇다고 해서 건축을 하지 않는 혹은 공간을 소유하지 않은 교회가 곧 건강한 교회를 의미하지는 않는다. 공간이 없어 모일 수 없는 교회를 건강하다고 말할 수는 없다.

혹자는 현재 교회의 가장 큰 이슈 중 하나를 부동산 문제라고 말한다. 다양한 이유로 교회 공간은 교회의 골칫거리다. 무리한 건축으로 인해 이자를 감당하기 어려운 것도 문제이지만 공간이 부족해서 건축을 하려고 해도 문제다. 높은 금리는 두말할 것도 없거니와 많은 은행이 교회의 대출을 꺼린다. 여러 형태로 교회는 신뢰를 잃어버리고 말았다. 교회는 위기 극복의 실마리를 어디서 찾을 것인가. 진부한 이야기로 들릴 수 있겠지만 하나님의 특별한 은혜가 없이는 불가능한 일이다. 위기가 기회가 되기 위해 교회는 스스로를 변명하기보다 철저한 자기반성의 길로 나가야 한다.

주님께서는 마치 사람이 자기 친구에게 말하듯이, 모세와 얼굴을 마주하고 말씀하셨다. 모세가 진으로 돌아가도, 눈의 아들이며 모세의 젊은 부관인 여호수아는 장막을 떠나지 않았다.

출애굽기 33:11

모세는 자신의 사역을 이어갈 후계자로 여호수아를 지목한다(신 34:9). 어째서 여호수아인가. 여호수아는 모세가 친구와 이야기하는 것처럼 하나님을 만나는 모습을 보았다. 특별할 것 없는 모습이었다. 늘 모세는 하나님을 만났고, 이스라엘 백성에게 하나님의 뜻을 알려주곤 했기 때문이다. 이 구절의 특별함은 "여호수아는 장막을 떠나지 않았다"는 대목에 있다. 하나님과의 만남을 끝낸 모세는 자신의 거처로 돌아갔지만 여호수아는 모세를 따라가지 않았다. 성경은 여호수아를 모세의 수종자(부관)라고 소개한다. 수종자, 그러니까 모세의 비서 역할을 하던 사람이 바로 여호수아다. 그러니 모세를 따라가지 않고, 회막에 남아 있던 여호수아는 일종의 직무 유기를 하고 있는 셈이다. 왜 여호수아는 장막을 떠나지 못했던 것일까. '모세는 친구를 만나는 것처럼 하나님을 만나는데, 왜 나는 모세를 통해서만 하나님을 만나야 하는 걸까?' 모세를 통해서만 만나는 하나님과의 관계에 더는 만족할 수 없게 된 것은 아닐까.

안타깝게도 그동안 한국 교회는 목회자 의존적 신앙생활을 이어 왔다. 목회자를 통해 만나는 하나님에 만족하고 있었던 것이다. 그러다 보니 하나님에 '관한' 지식은 있지만, 하나님을 아는 지식은 부족할 수밖에 없었다. 하나님에 관한 지식은 삶으로 이어지지 못했고, 교회는 신뢰를 잃어버리고 말았다. 이제 교회는 하나님을 아는 지식이 없었음을 회개해야 하며, 그로 인해 아무런 열매를 맺지 못했던 삶으로부터 돌이켜야 할 때다. 누군가를 통해 만나는 하나님에 만족하지 말고, 단독자로 하나님의 말씀 앞에 서야 한다. 성경을 읽지 않는 비그리스도인들은 성경을 읽는 그리스도인들을 읽을 뿐이다. 다시 말해 그리스도인들은 '보이는 성경'으로 세상 가운데 존재해야 한다. 그러니 말씀 앞에서, 그리고 지금 여기에서 내가 아니면 할 수 없는 일들이 무엇인지를 묻고 그것을 묵묵히 실천할 때, 하나님은 말씀에 순종하는 이들을 통해 한국 교회의 위기를 기회로 만드실 것이다.

사람들 사이의
교회

"안녕하세요, 목사님. 저희가 이번에 새로운 공간을 얻어 교회를 이전하려고 하는데, 마침 마음에 드는 공간이 생겨서요. 오셔서 어떻게 인테리어를 하면 좋을지 이야기를 나누고 싶습니다."

지방에서 일을 하고 있었지만 마냥 기다리라고 할 수 없어 세 시간을 달려 약속 장소로 향했다. 공간을 실측하고 공사가 진행되는 과정을 설명해 드렸다. 언제부터 공사를 시작하고 싶은지 물었고 계약만 하면 바로 진행할 거라는 답변을 받았다. 의뢰인 목사님은 계약 날짜를 잡기 위해 곧바로 부동산에 연락을 했고, 얼마 지나지 않아 벨이 울렸다.

"죄송합니다. 건물주가 교회는 안 된다고 하네요."

요즘 건물주들이 점집 다음으로 꺼리는 시설이 교회라는 이야기를 들은 적이 있다. 어쩌다가 교회는 혐오 시설로 전락해 버린 것일까. 천막을 치고 십자가만 매달아도 사람들이 몰려들던 교회의 전성기는 이미 지나 버린 지 오래다. 소비를 낙으로 삼는 현대인들에게 교회 출석은 부담스러운 일이 되었다. 조금 적게 벌더라고 일요일은 가족과 함께 보내길 원하는 사람들은 교회를 떠나기 시작했고, 예배당은 텅 비어 가고 있다.

열심히 목공 일을 배우며 목회를 하고 있는데, 평소 알고 지내던 목사님으로부터 연락을 받았다. "최 목사님, 혹시 제주도에서 목회할 생각 있으세요?" 한 번도 생각해 본 적 없는 일이었기에 뭐라고 대답할지 몰라 주저하고 있는데, "제가 협동 목사로 섬기고 있는 교회 담임 목사님이 은퇴를 앞두고 계셔서 후임을 모시려고 합니다"라는 말씀이 돌아왔다. 기도해 보고 연락을 드리겠다는 답변을 하고 며칠이 지났다. 제주라니. 아직 아무것도 결정된 것이 없는

데도, 마음은 이미 제주를 몇 번이나 다녀온 것 같았다. 마음의 결정을 하고 목사님에게 전화를 걸었다. "기회가 주어진다면 제주에서 목회를 하고 싶습니다."

청빙위원회에서는 가족과 함께 내려와 설교도 하고 인사도 했으면 좋겠다는 메시지를 전해 왔다. 어쩌면 이것이 하나님이 나에게 원하신 길일 수도 있다는 생각을 하며 제주에서의 생활을 꿈꾸기 시작했다. 그런데 얼마 뒤, 다시 전화가 걸려 왔다. "목사님 안녕하세요?" 수화기 너머로 들리는 목소리에서 무언가 잘못되었다는 사실을 직감할 수 있었다. 청빙위원회에서는 긍정적으로 생각했지만 교회 구성원 중 한 분과 아주 친밀한 관계를 가진 분이 후임으로 오기로 결정되었다는 것이다. 너무도 갑작스럽게 결정된 터라 목사님도 매우 혼란스러워 보였다. 괜찮다며 전화를 끊었지만 솔직히 괜찮지 않았다. 청빙 소식을 듣기 전이나 지금이나 상황이 변한 것은 아무것도 없지만 사람 마음이란 게 희한하다. 매일 해 오던 일인데도 맥이 풀리고, 하기가 싫었다. 아직 나의 마음은 제주에서 돌아오지 못하고 있었다. 제주에 내려간다는 전제로 손을 놓고 있던 일들을 다시 하기로 마음먹어야 했다. 겨우 마음을 추스리고 다시 일상을 살아가고 있는데, 이번에는 어느 선교회에서 연락이 왔다. 유명한 백화점 신우회를 섬기던 목사님이 갑작스레 소천하셔서 후임자를 정해야 하는데, 혹시 주일 아침마다 예배를 인도해 줄 수 있냐는 요청이었다. 마침 예배 모임을 오후 3시에 드리던 때라 아침이면 시간이 가능할 것 같다고 말씀을 드렸다. 그런데 정말 몇 분 지나지 않아 다시 전화가 와서는 다른 분으로 결정되었으니 오지 않아도 된다는 연락을 받았다. 어떻게 먼저 연락을 해 놓고 면접조차 보지 않을 수 있단 말인가. 이력서 100통을 넣고 면접을 보러 다녔지만 이런 무례함은 처음이었다.

이런 일들을 겪으며 목적을 위해서라면 쉽게 과정을 무시하고 사람조차도 도구화해 버리는 교회의 모습에 직면하게 되었다. 시스템을 유지하는 것이 목적이 되어 버린 교회는 매력을 잃어버렸음에도 여전히 교회 안에만 머물며 "교회로 오라"고 외치는 실정이다. 나는 교회란 무엇(누구)이고 복음이란 무엇인가를 질문하지 않을 수 없었다. 그리고 교회는 어디에 위치해야 하는지도 물어야 했다. 이런 질문들에 대한 대답을 얻기 위해 애쓰던 시기에 《선교형 교회》(비아)라는 책을 만났고, 2017년에는 '뒤집힌 미션얼'이라는 모임에서 비슷한 고민을 하고 있는 교회들을 만날 수 있었다. 발제를 맡았던 어느 분은 "지역 중심 교회가 네트워크 중심으로 전환하는 것은 패러다임을 재구성하는 것"이라면서, 기존 패러다임이 지닌 문제의식이 '교회에 사람이 없다'였다면, 새로운 패러다임이 지닌 문제의식은 '사람들 사이에 교회가 없다'는 것이라고 말했다.

영국의 선교학자 레슬리 뉴비긴도 '선교적 교회'와 '선교 중심적 교회'의 개념을 구분하면서 '교회 자체가 선교사'Missionary Church라고 말한 바 있다. 하나님은 사람들 가운데 일하시고, 그리스도인들은 사람들 사이에서 교회로 존재해야 한다. 일정한 장소와 제도 속으로 들어오라고 외치는 교회가 아니라 사람들 곁에서 교회로 존재하기 위해서는 목회자가 교회로부터 재정을 독립해야 한다는 생각에 이르렀다. 시행착오 끝에 목회와 병행하기에 용이한 목수라는 직업을 선택하게 되었다. 사람들 사이에서 교회로 존재하기 위해 일터로 나서고 싶었다. 사람들은 일터로 나온

목사를 신기하게 바라봤다. 교회는 어디냐고, 왜 목사가 일을 하냐고 여전히 묻는다. 어디서부터 어떻게 설명을 해야 하는 것일까. 사람들에게 낯선 이 길을 설명하는 것이 자칫 변명으로 들리지는 않을까.

목사가 개척을 하면 상가 건물을 얻고 강대상에서 기도를 해야 할 것이지, 일을 한다고 하니, 평생 감리교 목사로 살아온 아버지로서는 이해할 수 없었던 것 같다. 예배당조차 없어 다른 교회를 빌려서, 그것도 일주일에 딱 한 번 예배를 드리는 교회가 교회처럼 보일 리 만무했다. 예배에 참석하시던 부모님의 발길이 끊어지기까지 그리 오랜 시간이 걸리지 않았다. 그래도 꾸준히 예배 모임을 이어 가는 막내가 안쓰러웠는지 부모님은 다시 예배에 참석하기 시작했고, 십일조를 '그루터기 헌금'으로 드리겠다고 말씀하셨다. 부모님의 헌금 봉투에는 '교회가 세워지게 하소서'라는 기도 제목이 적혀 있었다. 교회를 시작한 지 벌써 4년이 지났는데 교회가 세워지게 해 달라니. 물론 지금은 아들의 목회를 이해하고 자랑스럽게 여겨 주신다.

추석 명절을 맞아 처형네 식구와 함께 장인어른을 모시

고 1박2일 캠핑을 다녀온 적이 있다. 저녁 식사를 마치고 차를 마시며 이런저런 이야기를 나누고 있는데, 장인어른께 전화 한 통이 걸려 왔다. 명절이라 평소 알고 지내시던 선교사님에게서 안부 전화가 온 것이다. 아버님은 사위가 둘 다 목사라는 것을 자랑스럽게 여기셨다. 그러고는 말씀을 이어 가셨다. "첫째 사위는 목회를 잘하고 있는데, 둘째 사위는 아직 시작하지 않고 있습니다." 물론 애당초 누군가로부터 인정을 받기 위해 시작한 교회가 아니기에 다른 사람들의 시선이나 평가가 문제되지 않았다. 하지만 가까운 가족에게마저 "저희 교회는 이런 교회입니다. 저는 이런 목회를 하고 있습니다"라며 교회와 사역을 변명처럼 설명해야 하는 상황은 결코 유쾌하지 않았다. 사람들이 생각하는 일반적 교회의 모습에서 벗어난 교회는 기존 제도로부터 밀려나는 경험을 해야 했다. "우리는 과연 교회인가?"라는 정체성에 대한 고민을 하지 않을 수 없었다.

2016년 1월 첫째 주, 동생 목사님이 목회를 하고 있는 교회를 빌려 예배 모임을 시작했다. 많은 분들이 새로운 시작을 응원해 주었고, 몇몇 분은 감사하게도 그 시작을 함께해 주셨다. 떨리는 마음으로 첫 예배를 준비하고 있는데, 부교역자로 사역할 때 한 달 정도 함께 교회를 섬기던청년(P라고 부르겠다)으로부터 연락을 받았다. "목사님, 저도 내일 예배에 참석해도 될까요?" 시간과 장소를 알려 주었고, 다음 날 P는 첫 예배에 함께했다. 그런데 그다음 주도, 또 그다음 주도 예배를 참석하는 게 아닌가. '왜 계속오는 거지? 그냥 한 번 방문하려고 했던 게 아닌가?' 혹시라도 괜한 이야기를 꺼냈다가 부담스러워하면 어쩌나 하는 마음에 쉽게 묻지도 못했다. 용기를 내어 언제 한번 식사를 하자고 했고 P의 이야기를 들을 수 있었다.

신앙에 대한 많은 질문을 가지고 있던 P는 믿음을 찾아 교회를 떠날 수밖에 없었다고 했다. 대형 교회에서 찬양팀으로 예배에 참석했지만 본인은 그 시기를 '교회를 떠나 있던 때'라고 말했다. 평소 교류는 없었지만 나의 sns글에 공감을 했고 그래서 예배에 한 번 참석을 해야겠다고결심을 한 것이다. 여러 이유로 함께하던 이들이 떠났지만P는 8년째 동행을 이어 오고 있다. 믿음을 찾아 교회를 떠난 이들을 위한 교회가 되었으면 좋겠다던 기도에 응답이 아니고 무엇이겠나. 그렇다고 아무런 문제없이 교회가 자리를 잡았냐고 묻는다면 그것은 아니다. 기존 제도권 교회에 한계를 느낀 이들이 주로 새로운 형태의 교회에 관심을 갖는다. 하지만 새 것에 대한 관심은 그리 오래가지 않는다. 경험상 2-3년 정도가 지나면 새로운 시도는 더 이상 새롭게 느껴지지 않고, 익숙했던 것에 대한 그리움이 생기기 시작한다. 새로운 예배 처소를 찾아 장소를 옮길 때마다 사람들이 떠나는 일들이 반복되었다. 뿐만 아니라 의무감으로 예배에 참석하는 이들의 모습도 보이기 시작했다. 새로운 형태의 교회에 머물 근거를 사람들에게 제시해 줘야 할 필요가 점차 생겼다.

안전한
교회

대학원 마지막 학기에 '교회 성장학'이라는 필수과목이 있었다. 대놓고 양적 성장만을 가르친 것은 아니었지만 교회의 성장은 언제나 규모가 커지는 것과 관련하여 이야기되곤 했다. 하지만 규모의 논리가 얼마나 교회 안에서 많은 문제를 야기해 왔는지 우리는 모두 알고 있다. 만일 교회의 목적이 큰 규모가 되는 것이었다면, 하나님은 어째서 날마다 신자가 늘어 가는 예루살렘 교회를 흩으신 것일까. 그래서 어떤 이들은 교회의 건강도를 위해 작은 규모의 교회를 제시하기도 한다. 하지만 과연 작기만 하다고 건강한 교회일까. 작은 규모를 유지하기 위해서는 누군가의 삶이 희생되어야 하는데, 과연 그것을 건강함이라고 말할 수 있을까. 어쩌면 애당초 '작음'과 '건강'은 함께 갈 수 없는 것인지도 모르겠다. 또한 교회가 건강하기 위해서는 작아야 한다고 외치던 이들이 큰 규모의 교회로 청빙을 받아 가는 모습을 보면서 이런 외침에 공허를 느낄 뿐이었다. 그래서 다다른 생각이 바로 '안전'이었고, 예수의 비유를 통해 안전함이 무엇인지를 생각하게 되었다.

그래서 예수께서는 그들에게 이 비유를 말씀하셨다. "너희 가운데서 어떤 사람이 양 백 마리를 가지고 있는데, 그 가운데서 한 마리를 잃으면, 아흔아홉 마리를 들에 두고, 그 잃은 양을 찾을 때까지 찾아 다니지 않겠느냐?"
누가복음 15:3-4

무슨 일이 있었는지 모르겠지만 백 마리의 양 중 한 마리가 사라졌다. 목자의 실수였을 수도 있고, 양을 돌보는 시스템 자체가 문제였을 수도 있고, 다른 양들과 사이가 좋지 않아 스스로 무리에서 이탈했을 수도 있다. 우리가 확실하게 알 수 있는 사실은 목자가 한 마리의 양을 잃었다는 것이며, 그래서 목자는 잃어버린 양을 찾아 나서기로 했다는 것이다. 문제는 "아흔아홉 마리를 들에 두고"라는 대목에 있다. 효율성을 중요하게 여기는 사회에서 아흔아홉을 위한 하나의 희생은 매우 당연한 논리다. 아흔아홉의 생명이 더 소중하기 때문이다. 하지만 하찮아 보이는 하나의 생명을 소중하게 생각하지 않는다면 모든 생명을 소중하게 여길 수 없다. 잃어버렸던 한 마리 양과 함께 돌아오는 목자를 보면서 나머지 아흔아홉은 생각한다. '내가 길을 잃더라도 목자는 끝까지 찾아낼 것이다. 나는 안전하다.'

과연 우리의 교회는 안전한가. 안전한 교회를 꿈꾼다는 것은 교회가 안전하지 않고 위험한 공간이라는 현실의 반증이다. 규모가 큰 현장일수록 안전 교육을 철저하게 진행한다. 8시부터 작업을 시작하기 위해 7시부터 모여 안전 교육을 받는다. 급하게 근육을 사용해서 발생하는 사고를 막기 위해 체조를 하고 당일에 진행되는 작업이 무엇인지 서로 나눈다. 안전을 담당하는 이들이 공사 현장 구석구석을 다니며 위험한 요소들을 관리하고 감독한다. 현장에서 안전보다 중요한 것은 없다. 노동자 모두는 안전하게 일을 마치고 집으로 돌아가야 한다. 한 번은 현장에서 타카로 작업을 하다가 손에 타카핀이 박힌 적이 있다. 피가 나고 아팠다. 함께 일하던 분들은 자신들도 그런 적이 있다며 대수롭지 않게 여겼다. 예전에는 목재를 고정하기 위해 목수들이 일일이 망치로 못을 박았는데, 타카가 나오면서 일의 속도가 훨씬 빨라졌다. 그런데 타카에 달려 나오는 안전 고리를 빼내지 않으면 일을 빠르게 진행하기 어렵다. 타카를 한 발 쏠 때마다 안전 고리를 걷어 내고 사용해야 하기 때문에 일이 더디게 진행될 수밖에 없다. 그래서 타카를 사면 가장 먼저 안전 고리를 제거한다. 타카핀이 목재가 아닌 손에 박히는 일들이 비일비재하기 때문에 그저 병원에 가서 파상풍 주사를 맞을 뿐이다.

일하면서 손가락이 잘린 분들을 심심찮게 만난다. 목재를 재단하는 '톱다이'에 안전 커버를 설치해야 하는데, 일이 더디다는 이유로 현장에서는 안전 커버를 제거하고 작업을 진행하다가 사고를 당한 경우다. 안전 요원은 작업자들을 쫓아다니며 안전모를 쓰라고 하지만 그것도 그때뿐이다. 안전 요원이 보이지 않으면 안전모를 벗어 던진다.

현장에서는 매일 숨박꼭질을 벌인다. 위험한지 알지만 자신의 안전을 신경 쓸 겨를이 없다. 안전 수칙을 전부 지키면서 일을 하면 약속한 시간에 일을 마칠 수 없고, 그 손해는 고스란히 '을들의 몫'이니 당연한 게 아닌가. 아직 발생하지도 않은 안전 사고는 눈에 보이지 않지만 일이 늦어져 발생하는 손해는 너무도 선명하게 보이기 때문에 안전을 위한 보호 장치는 제거 일 순위다.

속도와 효율이 가장 중요한 가치인 곳에서 어떻게 안전을 기대할 수 있겠는가. 결과를 위해서 과정은 무시되는 일들이 반복된다. 우리의 교회는 무엇을 목표로 삼고 있는지 고민해야 할 때다. 만일 그것이 커다란 규모라면, 규모를 키우기 위해 과정은 무시되고 누군가는 위험에 고스란히 노출되며 또한 폭력의 대상이 될 수밖에 없다. 그래서 신현림은 이렇게 노래한다.

어떤 내일

— 신현림

내일은 아무도 자살하지 않는다

내일은 아무도 배고프지 않는다

내일은 힘겨운 일 찾기도 없고

누구든 고된 일로 울지 않는다

삽과 펜도 물고기처럼 숨을 쉬고

내일은 에어컨 수리 기사가

난간에서 추락하지 않는다

내일은 자폭 테러와 어떤 총소리도 들리지 않는다

내일은 야채 장사 할머니도 점포를 얻을 것이다

내일은 외로워 떠는 이를 껴안아 줄 것이다

잃어버린 죄의식의 안경알을 되찾아

가슴을 치며 반성하는 이들도 있고

달라지지 않을 거라 여기는 내일만큼은

죽음이 쌓여 만든 내일만큼은

없을지도 모를

내일만큼은

가렴주구苛斂誅求라는 말이 있다. 가혹하게 세금을 거두거나 백성의 재물을 억지로 빼앗는 폭력의 위험성을 의미하는 말이다. 하루는 공자가 길을 가고 있는데 슬피 우는 여인을 발견하고는 물었다. "무엇 때문에 울고 있느냐?" 그러자 여인은 "자신의 가족이 전부 이곳에서 호랑이에게 물려 죽었습니다"라고 대답을 했다. 공자는 깜짝 놀라서 다시 물었다. "그렇게 위험한 곳인데 왜 이곳을 떠나지 않느냐?" 여인의 대답은 다음과 같았다. "이곳은 혹독하게 세금을 강요하지 않기 때문입니다." 아이러니다. 안전하게 살기 위해 마을을 이루며 살아가는 것인데, 어쩌다가 마을이 더 위험한 곳이 되어 버린 것일까. 이웃을 착취하거나 해치는 사람들로 인해, 자신의 힘이나 권력을 악용하는 사람들로 인해 폭력이 빈번하게 발생하기 때문이다.

우리는 보통 물리적 폭력만을 폭력으로 간주하기 쉽지만 정주진은 그의 책《평화를 보는 눈》을 통해 폭력을 직접적 폭력, 구조적 폭력 그리고 문화적 폭력으로 나누어 설명한다. '직접적 폭력'은 신체적, 정신적, 심리적으로 인간에게 해를 입히는 것, 곧 인간의 자유를 억압해서 원하지 않는 일을 강요하는 폭력이다. '구조적 폭력'은 직접적 폭력이 일어날 수밖에 없는 사회적 구조와 맥락을 뜻한다. 또한 철학적 사조, 문화적 전통, 사회에서 내려오는 당연한 규범 등이 가지는 '문화적 폭력'이 있다. 교회 안에도 이렇게 다양한 폭력의 가해자와 피해자가 공존한다. 문제는 이러한 폭력이 '직접적 폭력'의 모습으로 나타나지 않기 때문에 교회 안에 폭력이 없다고 착각하는 데 있다.

…바리새파에 속하였다가 신도가 된 사람 몇이 일어나서 "이방 사람들에게도 할례를 행하고, 모세의 율법을 지키도록 명하여야 합니다" 하고 말하였다.
사도행전 15:5

많은 경우, 교회 내 폭력은 믿음으로 포장된 '강한 자기 확신'에서 비롯한다. 사도행전 15장을 보면, 모세의 관례대로 할례를 받지 않으면, 구원을 얻을 수 없다고 가르치는 사람들이 나타났고 바울과 바나바는 그들과 논쟁을 한다. 그래서 이방인의 구원을 어떻게 이해해야 할 것인가, 하는 문제로 예루살렘 공의회가 열린다. 바울과 바나바는 사람들 앞에서 하나님이 이방인 그리스도인들에게 행하신 일들을 증언한다. 하지만 바리새파 출신 사람들은 그리스도인이 되기 위해서는 유대인이 되어야 한다는 확신을 포기하지 않았고, 그래서 할례를 받지 않고 율법을 지키지 않는 이방인은 구원을 받지 못할 것이라는 말만 되풀이한다.

안전하다는 것은 폭력이 없는 상태, 곧 타자를 차별하거나 혐오하지 않음을 의미한다. 이렇듯 안전함은 차별이 없어야 가능하며, 존재를 있는 모습 그대로 인정하는 데서 시작된다. 안전한 교회여야만 환대의 공동체가 될 수 있다. 어떤 이들은 비슷한 생각과 지향을 가진 사람들이 모인 교회를 안전하고 건강한 교회라고 말하기도 한다. 하지만 서로 다른 생각과 지향을 가진 사람들이 모여 서로를 설득하고 이해하며 조율하는 교회가 진정으로 안전하고 건강한 교회가 아닐까. 그렇다고 한다면 교회의 건강도는 '다양성'을 통해서만 유지된다고 말할 수 있을 것이다. 특히 세대 차이가 그렇다. 솔직히 나는 부모님의 세대를 이해하기 어렵다. 그것은 부모님 세대도 마찬가지일 것이다.

정치적 견해 차이로 인해 자식들과 연락을 끊고 지내는 분들도 보았다. 정도의 차이는 있겠지만 세대 차이에서 오는 갈등은 관계의 어려움을 초래한다.

처음에 우리 교회 예배에 참석하시던 부모님이 한동안 교회를 나오지 않으셨다고 앞서 언급했다. 평생 당신이 목회를 해 오던 방식과 다른 낯선 예배의 형식, 그리고 그 안에 담아 내는 내용들의 다름이 부모님을 불편하게 만들었을 것이다. 그럼에도 불구하고 부모님은 다시 예배에 나오기 시작하셨고, 다시 불편한 동거가 시작되었다. 그렇게 3년의 시간이 지난 어느 날, 어머니는 "그동안 우리가 너희를 많이 오해하고 있었다"며 사과의 말씀을 건네 주셨다. 우리 예배 시간에는 '말씀의 공동체적 해석'이라는 순서가 있는데, 아마도 이 시간을 통해 서로의 다름을 이해하게 되었던 것 같다. 목회자 한 사람이 강론하듯이 설교를 하기보다는 공동체가 함께 말씀을 해석할 때, 더욱 풍성한 말씀의 나눔이 가능할 것이라는 기대가 담긴 순서다. 같은 본문을 읽더라도 각자가 서 있는 삶의 자리에 따라 말씀은 다르게 읽혀지기 마련이다. 그렇게 성경을 붙들고 치열하게 토론했고, 조금은 더 안전한 공동체가 될 수 있었다. 성경은 아브라함과 이삭과 야곱의 하나님을 우리가 영원히 기억해야 할 이름이라고 말한다. 하나님은 우리를 가르치시는 데 있어 방법의 부족함이 없으신 분이다. 아브라함은 사람과 사람이 만나듯 하나님을 만났지만, 야곱은 꿈과 환상을 통해 하나님을 만났다. 그 누구도 하나님과의 만남을 일반화해서는 안 된다.

우리는 사랑으로 진리를 말하고 살면서, 모든 면에서 자라나서, 머리가 되시는 그리스도에게까지 다다라야 합니다. 온 몸은 머리이신 그리스도께 속해 있으며, 몸에 갖추어져 있는 각 마디를 통하여 연결되고 결합됩니다. 각 지체가 그 맡은 분량대로 활동함을 따라 몸이 자라나며 사랑 안에서 몸이 건설됩니다.
에베소서 4:15-16

그리스도를 머리로 하는 그의 몸 된 교회는 서로 연결되어 있다. 그리스도인 한 개인만 장성한 분량에 이르기까지 자라나는 것이 아니라, 서로 연결된 지체들이 선택된 조화를 이룰 때 교회가 세워진다는 것이다. 그래서 누구 하나 중요하지 않은 사람이 없다. 교회 안에서는 누구도 목소리가 삭제되거나 존재가 부정당해서는 안 된다. 규모의 논리로 인해 개인의 희생을 요구하는 구조가 아닌, 있는 그대로의 모습을 긍정하는 안전하고 건강한 교회 공동체를 여전히 꿈꾸고 있다.

동 네 책 빵 ,
괜 찮 아

"건물이 교회가 아니라고?"

함께 모여 예배할 공간조차 없던 우리에게 건물이 교회가
아니라는 말은 그저 건물을 가진 교회들의 배부른 소리이
거나 건물 없는 교회의 부러움이 담긴 말일 뿐이었다. 교
회를 이루고 지속하기 위해 공간은 필수 부가결의 요소다.
함께 모여 예배도 드리고, 교제도 할 수 있는 공간이 필요
했다. 그동안 부모님이 드리셨던 그루터기 헌금에 조금만
보태면 보증금 정도는 감당할 수 있지 않을까, 하는 생각
에 시간이 날 때마다 운동을 핑계 삼아 예배 공간을 찾아
나섰다. 그런데 '서울특별시 김포구'라고 하지 않던가. 지

하철(김포골드라인)이 들어서면서 부동산 가격은 천정부지로 치솟고 있는 중이었고, 상가 임대료는 상상을 초월했다. 그러다가 집에서 멀지 않은 곳에 있던 신축 빌라 1층 상가가 눈에 들어왔다. 지하철역에서도 그리 멀지 않아 도보로 이동이 가능했고, 대로변이 아닌 주택가에 위치한 것도 마음에 들었다. 교회 공간을 구하고 있었지만 그 공간은 교회만을 위한 공간은 아니었다. 지속 가능한 목회를 가능하게 하려면 공간을 통한 수익을 만들어야 했고, 아내가 비건 카페를 함께 운영하기로 했다. 엄밀히 말해 교회는 카페에게 일정의 사용료를 지불하고 주일에만 장소를 빌려 쓰는 형식을 취하기로 했다. 임대료가 걱정이었지만 혹시나 하는 마음에 문의를 했더니 어떻게든 감당해 볼 만한 수준이었다. 바로 근처에 시청이 있어서 최소한 점심 장사는 되겠다는 생각이 들었고, 교회에서 장소 사용료를 보태면 어찌저찌 공간을 꾸려 나갈 수 있을 것이라는 판단이 섰다. 그렇게 가진 돈을 탈탈 털어 2020년 6월 상가 임대 계약을 했다.

인테리어야 내 전문 분야이니 문제될 거 없다고 큰소리

를 쳤지만 솔직히 말하면 많은 분들의 도움 덕분에 가능한 일이었다. 평소 거래를 하던 목재소에서 자재를 원가에 공급해 줄 뿐만 아니라 오랫동안 쌓아 둔 자재들은 그냥 가져다 써도 좋다고 말씀해 주셨다. 함께 일하던 분들도 마치 자신들의 일인 것처럼 전심으로 일해 주셨다.

인테리어 작업을 하던 중 불현듯 낯선 사람들을 만나야 한다는 사실이 두려움으로 다가왔다. 그때 책을 함께 판매하면 괜찮을 것 같다는 생각이 들었다. 책을 좋아하기는 하지만 판매하는 일은 전혀 다른 차원의 문제이기에 도움이 필요했고, 무작정 부천에 있는 '용서점'이란 곳을 찾아갔다. 사장님은 동네 책방과 관련한 책도 쓰셨고, 기독교 언론에도 소개된 서점이기에 도움을 받을 수 있지 않을까, 하는 마음에 용기를 냈다. 스스로를 '용님'이라고 칭하는 사장님은 친절하게 책방 운영의 노하우를 알려 주셨다. 그런데 더 인상적이었던 것은 인테리어였다. 솔직히 말해 인테리어를 했다고 말하기 어려운 공간이었다. 하지만 고급 자재를 사용해서 깔끔하게 마감을 한 어느 매장보다도 멋져 보였다. DIY로 조잡하게(?) 만든 책장이며, 지저분하게 보일 수 있는 배전판을 가리기 위해 가림막을 설치한 것도 그렇고 전문가가 인테리어를 했다고 보기에는 어려운 공간이었다. 그런데 그 모든 것이 좋아 보였다. 좋은 공간이란 무엇일까. 좋은 공간을 구성하는 것은 무엇일까. 결국 공간을 완성하는 것은 사람이다. 내가 특정한 의도를 가지고 디자인을 해도 결국엔 그것을 사람들이 어떻게 사용하느냐에 따라 그 쓸모가 결정되며, 그곳에 많은 이들의 다양한 이야기가 쌓여 갈 때 좋은 공간이 되는 것이다. 꼭 필요한 것들만 남기고, 나머지는 사람들로 채우기로 했다.

2020년 8월, '동네책빵, 괜찮아'라는 간판을 걸고 영업을 시작했다. 《괜찮아》라는 동화책에서 가져온 이름이다. 소아마비로 누군가의 도움 없이는 일상생활이 불가능했던 동구와 그를 돕던 친구 영석이의 이야기를 읽으며, 이곳이 서로의 괜찮음을 묻고 기대어 편히 쉴 수 있는 공간이 되었으면 하는 기대를 담은 이름이었다. 그리고 가게를 소개하는 다음과 같은 문구를 작성했다.

'동네책빵, 괜찮아'는

01 책과 빵을 판매하는 곳으로, 서로의 괜찮음을 묻고 기대어 편히 쉴 수 있는 공간입니다. 원하시는 분들에게 책을 추천해 드리기도 하고, 함께 읽는 모임도 가집니다.

02 비건 카페입니다. 비건vegan은 동물성 식품과 제품을 사용하거나 소비하지 않는 사람을 일컫는 말입니다. 음식을 먹는 사람의 건강뿐 아니라 함께 살아가는 동물들의 행복, 나아가 더 나은 지구 공동체의 내일을 희망하는 식습관입니다. 괜찮아의 모든 비건 스위치는 우유와 버터 같은 유제품 및 달걀을 사용하지 않고, 정제설탕과 표백밀가루도 들어가지 않습니다. 동물성 원료를 대신하여 과일과 채소, 견과류, 두부, 코코넛 오일, 수제 크림치즈를 사용합니다.

03 일회용 플라스틱 제품을 사용하지 않습니다. 개인 텀블러 지참시 500원 할인된 가격으로 음료를 제공받을 수 있습니다. 또한 영수증 출력을 하지 않습니다. 원하시는 분들은 주문하실 때 미리 말씀해 주시기 바랍니다.

오픈을 위한 준비가 끝났다. 그런데 한 가지, 아직 정해야할 일이 남아 있었다. 그것은 바로 테이크아웃 용기를 결정하는 일이었다. 가게를 소개하는 문구에도 나와 있는 것처럼, 환경에 대한 관심에서 시작한 비건 카페이기에 제로웨이스트zero waste를 실천하기로 했다. 그러다 보니 여느 카페들이 사용하고 있는 플라스틱 용기를 대체할 만한 용기를 찾아야 했다. 이것저것 알아보다가 사탕수수 나무로 만든 생분해가 가능한 용기가 있다는 사실을 알게 되었다. 물론 플라스틱 용기에 비해 훨씬 비쌌지만 인간은 행동의 의미를 담는 존재가 아니던가. 우리의 실천이 메시지가 될 수 있다면 값을 지불해도 괜찮다고 생각했다.

하지만 우리가 괜찮다고 모든 손님이 괜찮은 것은 아니었다. 특히 따뜻한 음료의 경우는 그나마 덜했지만 (종이컵과 비슷한 재질의) 사탕수수로 만든 용기는 얼음이 담긴 차가운 음료에 취약했다. 어쩌면 우리의 행동은 불편함을 요청하는 것이었고, "뭐 그리 유난을 떠냐"며 기분 나빠하시는 분들도 있었다. 그 가운데서 우리의 가치에 동의해 주시는 분들이 단골이 되었고, 김포의 후미진 골목에 자리한

이 유별난 공간을 애정해 주시는 분들의 방문이 지속되었다.

한치 앞도 알 수 없는 게 인생이라더니, 임대료 정도는 감당할 수 있을 것이라던 판단은 끝이 보이지 않는 팬데믹으로 인해 점점 치기 어린 행동으로 결론 나고 있었다. 매일 빵을 만드느라 아내의 팔목은 고장났고, 하루 종일 수고해도 아내의 인건비조차 챙길 수 없을 정도로 가게는 운영에 어려움을 겪게 되었다. 마지막 세 달은 매달 200만원 이상의 적자를 내는 상황에서 겨우겨우 임대료만 내는 수준이었다. 결과적으로 열심히 일해서 건물주만 좋은 일을 하고 있었던 셈이다.

주님을 경외하며, 주님의 명에 따라 사는 사람은, 그 어느 누구나 복을 받는다. 네 손으로 일한 만큼 네가 먹으니, 이것이 복이요, 은혜이다.

시편 128:1-2

수고하는 사람 따로 있고, 그것을 먹는 사람 따로인 세상에서 수고한 대로 먹는 것은 복이 될 만큼 어려운 일이었다. 장사하는 재미를 찾을 수가 없었다. 뿐만 아니라 카페에 내려진 인원 제한으로 인해 더 이상 카페에서 예배를 드릴 수 없는 상황이 되면서 공간을 유지하기 위해 적지 않은 손해를 감수해야 했다. 사람들은 인사처럼 '존버'를 외치며 "우리 잘 버텨 냅시다"라고 말했다. 하지만 생존이 목적이 되어서는 안 되는 게 아닌가. 물론 목회자에게 청빈은 아름다운 덕목이지만 그렇다고 빈곤이 강요되어서는 안 될 일이다. 결단을 내려야 했다.

2022년 8월, '동네책빵, 괜찮아'는 영업을 종료했다. 함께 길고양이를 돌봐 주시던 문방구 사장님, 항상 텀블러에 커피를 담아 가시던 인쇄소 사장님, 주중에는 출근해야 해서 못 온다며 주말이면 어김없이 출근 도장을 찍던 청년, 멀리 수원에서 비건 카페를 찾아 김포까지 온다던 고마운 분까지. 언제 올지도 모르는 손님을 기다리던 우리에겐 눈물 나도록 고마운 분들이다. 우리가 요청했던 불편함에 기꺼이 손 내밀어 주시던 분들로 인해 가게의 폐업이 실패로만 여겨지지는 않았다. 여전히 우리는 가게를 시작하며 마음에 새겼던 것들을 기억하고 지켜 나갈 것이기 때문이다. 지구에 해롭지 않은 존재로 살아가는 것, 주위를 돌아보며 이웃과 나누며 살아가는 걸음을 통해 '동네책빵, 괜찮아'는 지속될 것이라고 믿는다.

덜 해로운 존재가
되겠습니다

왜 하필 비건 카페냐고 사람들이 물었다. 그러면 항상 신앙의 실천이라고 대답했다. 세월호 참사 이후 성경을 낯설게 읽기 시작하면서 지극히 작은 자 하나와 자신을 동일시하는 하나님을 만날 수 있었다. 하나님은 작은 자의 하나님이며, 작은 자들의 편을 드시는 분이다. 그래서 '교회, 흩어지는 사람들'은 작은 자의 하나님, 편드시는 하나님을 만나기 위해 차별받고 소외당하는 이웃들이 있는 현장을 찾아 나서기 시작했다. 누군가의 보호와 도움 없이는 살아갈 수 없는 연약한 이들에 대한 공동체와 사회의 태도가 그곳이 어떤 곳인지를 드러낸다는 사실을 배웠다. 더 나아가 착취와 폭력의 대상이 되어 소외와 배제 그리고 차별을 받는 이들에 대한 관심은 자연스럽게 똑같은 방식으로 착취를 당하고 있는 피조 세계에 대한 관심으로 이어지게 되었다.

직장인들의 최대 고민거리, "오늘 점심 뭐 먹지?" 점심시간이 되어 식사 메뉴를 물어보면 항상 돌아오는 대답은 "아무거나"다. 그나마 몇 가지 선택지를 주면 그중 하나를 고르기 때문에 근처에 어떤 식당이 있는지를 검색하고 후보지를 정한다. 그런데 온통 고기 구이 전문점이거나 고기를 재료로 하는 식당들뿐이다. 그러다가 하루는 '두부집'을 발견했고, 그곳에서 점심식사를 하기로 했다. 고기가 없는 식사가 오랜만인지 자연스럽게 대화의 주제가 고기가 되었고, 육식이 어떻게 지구를 망가뜨리고 있는지에 대한 이야기도 나눌 수 있었다. 반장님들은 "맞아"라며 맞장구를 치셨고, 일주일에 한 번 정도는 '고기 없는 점심식사'를 연습해 보기로 했다. 먹는 것이 신앙과 무슨 관계가 있나 싶겠지만 '먹는 것이 바로 그 사람이다What you eat is what you are'라는 말이 있듯이 먹거리는 그 사람이 누구인지를 드러낸다. 지구는 원래 다양한 개체의 종들이 함께 어울려 살아가는, 그래야만 살 수 있는 하나의 유기체다. 이렇게 정밀하게 연결된 생명들이기에 서로가 서로를 지탱해 준다. 지구는 안전을 위해 생물의 다양성에 힘입어야 하며, 인간 또한 전적으로 지구에 의존하는 존재다. 하지만 현실은 어떤가.

《우리는 왜 개는 사랑하고 돼지는 먹고 소는 신을까》의 저자인 심리학자 멜라니 조이는 현재의 보이지 않는 지배 이데올로기로 육식주의를 꼽는다. 인간은 원래 동물을 사냥하기도 했지만 사냥감이 되기도 했던 평등한 동물 무리 중 하나였다. 하지만 돌로 거친 도구를 만들어 사냥이 가능해지면서 동물을 가축화하기 시작했다. 그리고 안전한 먹거리의 확보는 100년 사이에 세 배 가까운 인구 증가로 이어지게 되면서 지구의 건강을 유지해 주던 다양성을 벼랑 끝으로 내몰고 있다. 그런데도 인간은 지구를 향해 더 많은 땅을 내놓으라고 윽박지르고 있다. 소비의 반대말은 절약이 아닌 공유다. 우리는 다른 생명들과 지구를 공유해야 한다. 만일 유한한 지구를 대책 없이 소비하는 삶의 방식을 바꾸지 않는다면 지구의 자원은 바닥날 것이 뻔하다. 망가진 자연을 복원할 공간을 확보해야 한다. 가장 빠르고 효과적인 방법은 우리의 식단을 바꾸는 것이다.

"그래서 당신은 비건인가"하고 묻는다면, 비건일 수도 있고, 아닐 수도 있다고 말하는 게 정직한 답변이다. 왜냐하면 비건은 채식을 하는 식습관만을 뜻하는 단어가 아니기 때문이다. 비건은 동물로 만든 식품과 제품을 소비하지 않는 사람이자, 소비자 운동이며, 모든 생명은 연결된 존재라는 사실을 인정하는 삶의 방식을 아우르는 말이다. 그래서 "나는 비건입니다"라는 말보다 "나는 비건을 지향합니다"라는 말이 조금 더 바른 표현이다. 나의 생명을 유지하기 위해 다른 생명을 소비하는 일에 불편함을 느낀 뒤 채식을 시작했다. 사람들은 동물권, 육식 산업 노동자들의 인권, 기후 위기 문제, 건강 등 다양한 이유로 채식을 한다. 완전한 채식을 하는 사람이 있고, 나처럼 해산물과 유제품이 들어간 음식을 먹는 사람도 있다. 그런데 채식을 하면서 실감한 것은 사람의 의지는 약하고, 그래서 실천에 필요한 환경을 갖추는 일이 중요하다는 사실이었다.

함께 일하는 분들과 점심 식사를 하기 위해 채식을 선택할 수 있는 식당을 찾는 것이 얼마나 어려운 일인지 직장인들은 모두 공감할 것이다. 비건을 포기하고 육식으로 돌아가는 가장 큰 이유, 그러니까 한국에서 비건으로 살아가는 것이 유난히 어려운 이유는 집단주의 문화 때문이다. 논문 〈한국에서 채식주의자 되기: 집단주의 문화에서의 채식주의 전략〉(유태범, 2012)에서는 "한국의 강한 집단주의 문화는 채식주의자가 남들과 다른 자신의 식습관을 드러내고 이것을 적극적으로 지켜 나가는 데 있어 커다란 장애"가 된다고 지적한다. 회식은 보통 고기를 먹으러 간다. 그래서 고기를 먹지 않는 사람이 회식 분위기를 망친다고 생각하기 쉽다. 왜일까. '채식을 육식에 대한 비판'이라고 생각하기 때문이다. 하지만 육식을 하는 것이 채식에 대한 비판이 아닌 것처럼, 그냥 서로 각자 먹고 싶은 음식을 먹는 것이라는 이해가 필요하다.

육식을 정상으로 여기는 '이상한 정상성의 사회'에서 비건을 자신의 삶의 방식으로 삼는 것을 설명하지 않아도 되는 정상성이 회복될 수 있다면 얼마나 좋을까. 당장 고기와 생선을 그만 먹으라는 말이 아니다. 스스로가 할 수 있는 일들을 찾아 비건 지향적 삶을 시작하고, 어떻게 그것을 유지할 수 있을지 방법을 고민하는 게 중요하다. 때로는 스스로의 다짐이 무너지기도 하겠지만 스스로를 너무 나무랄 필요도 없다. 그저 자신이 할 수 있는 만큼 하는 것이 중요하다. 왜냐하면 몇 명의 완벽한 비건보다 다수의 비건적 사람들이 있는 것이 사회 전체로 보았을 때 훨씬 효과적이기 때문이다.

의외로 우리가 할 수 있는 일이 많다. 우리 가족의 첫 번째 실천은 동물원에 가지 않는 것이었다. 도로 위에서 만난 트럭은 작은 케이지에 갇힌 닭들로 가득했다. 그 모습을 본 아이들은, 평생 알을 낳다가 생명을 다하는 닭과 동물원에 갇혀 구경거리로 살다가 생명을 다하는 동물들이 크게 다르지 않다는 사실을 알아차렸다. 그 후로 우리 가족은 동물원을 끊었다. 얼마 전 열한 살이 된 둘째 아이는 논술 학원에서 '동물원에 간다 vs 동물원에 가지 않는다'라는 주제로 토론을 벌였다. 동물원을 가면 안 되는 이유를 빼곡하게 쓴 아이의 글을 보았다. 그중 이런 문장이 눈에 들어왔다.

'결국 창살 안에서 사람들의 구경거리가 되어 동물도 아닌 삶을 살게 된다. 동물원은 인간을 위한 공간일 뿐 동물들

에겐 독방이다.'

비록 고기 없는 밥상을 힘들어하지만 모든 생명은 연결된 존재라는 사실을 이해하고 자신이 할 수 있는 일을 실천하는 아이가 고맙고 자랑스럽다. 다시 말하지만 의외로 우리가 할 수 있는 일은 많다. 처음에는 '일주일에 한 번쯤은 고기를 먹지 않기' 혹은 '공장식 축산으로 유통되는 고기 먹지 않기' 정도로 시작해도 좋을 것이다. 오리털로 만든 패딩을 입지 않는 것도 마음만 먹으면 충분히 실천할 수 있다. 그러다가 할 수 있는 일들을 조금씩 늘려 나가면 된다. 물론 인간의 의지는 너무도 약해서 결심이 작심삼일이 될 수도 있지만 자책할 필요도 없다. 다시 시작하면 된다. 중요한 건 꺾이지 않는 마음이라고 하지 않던가. 지구에 덜 해로운 존재로 살아가려는 마음이 꺾이지 않으려면 자기 안에 분명한 동기가 있어야 한다. 그리고 그 이유는 대단한 것이 아니어도 괜찮다. 아니, 어쩌면 지극히 개인적 이유가 결심을 지속할 수 있게 하는 것일 수도 있다.

비건과 관련한 다큐멘터리에서 어떤 이가 비건을 시작

한 이유에 대해 이렇게 말했다. 그는 친구들과 식사 약속이 있었고 그날 메뉴는 돈가스였다. 그런데 평소 채식을 하던 친구의 권유로 메뉴를 바꾸었고, 식사를 마치고 나오면서 누군가 농담을 했다. "우리가 돼지 한 마리를 살렸어." 자신의 식사가 돼지를 살리는 일이었다는 사실이 비건을 결심하게 된 동기였다고 말한다. 욕망에 물든 채 지구를 소비하며 살아가는 인류의 삶의 방식이 불편해지고, 그래서 조금은 단순하고 불편한 일상을 살겠노라는 다짐들이 많아진다면 세상은 어떻게 변할까. 최원형은《착한 소비는 없다》에서 우리는 지속 가능한 삶을 위한 방법을 찾아야 하며, 그것은 일상에서 실천하는 작은 수고에서 출발한다고 말한다. 그러나 이 작은 수고는 결코 작지 않다. 오직 소비를 통해서만 행복을 얻을 수 있다고 말하는 세상으로부터 자신을 구해 달라던 시편 기자의 기도가 우리 모두의 기도가 되기를 소망한다.

주님, 이 세상에서 받을 몫을 다 받고 사는 자들에게서 나를 구해 주십시오. 주님께서 몸소 구해 주십시오. 그들은 주님께서 쌓아 두신 재물로 자신들의 배를 채우고 남은 것을 자녀에게 물려주고 그래도 남아서 자식의 자식들에게까지 물려줍니다.

시편 17:14

생존과 소명
사이에서

이렇게 글을 쓰고 보니, 뭔가 대단한 삶을 살아 내는 것 같지만 나의 삶은 언제나 부끄럽다. 일과 목회를 한다며 거창하게 생존과 소명을 이야기하지만 일도 목회도 어느 것 하나 제대로 하지 못하는 부끄러운 삶이다. 부천에서 일을 하고 있던 날이었다. 교회 집사님에게서 어머님이 소천하셨다는 메시지를 받았다. 한창 현장에서 일을 하고 있을 목사를 배려해서 전화가 아닌 문자를 보내신 것이다. 옷에 묻은 먼지를 털어 내고, 조용한 곳으로 가서 전화를 드렸다. 위로의 말씀을 건네고, 빈소가 차려진 곳이 어딘지를 물었더니 머뭇거리신다. 전라도 광주. 거리가 너무 멀었기 때문이다. 그래도 그런 게 어디 있나. 목사가 성도의 슬픔에 함께

하지 못한다면 그게 어디 목사라고 할 수 있겠는가. 물론 염려가 안 된 것은 아니었다. 광주를 다녀오면 분명히 내일 일에 지장이 있을 게 뻔했기 때문이다. 하지만 그게 무슨 대수인가. 일을 마치고 예약해 둔 모텔로 향했다. 그곳에서 얼른 씻고 옷을 갈아입은 뒤 광주로 출발했다. 도착하니 늦은 12시. 최대한 오래 머물며 함께 슬퍼하고, 위로해 드리고 싶었다. 그래야 한다고 배웠기 때문이다.

스물하나였나, 둘이었나. 선배의 동생이 사고로 죽었다는 소식에 장례식장에 간 적이 있다. 가장 기억에 남는 장면은 선배와 아주 친한 친구들이 친구를 위로하는 방식이었다. 선배의 친구들은 3일 동안 한 자리에 앉아 계속해서 술을 마셨다. 취하면 잠에 곯아떨어졌다가 깨면 다시 술을 마시고를 반복했다. 그중 맥주 두 잔만 마셔도 정신을 잃는 선배가 있었는데, "여기서는 술을 마셔야 해"라면서 끝까지 자리를 지켰다. 술을 마시는 것이 함께 슬퍼해 주는 방식이 될 수 있다는 사실을 그날 처음 알았다. 긍휼이란 고통을 없애 주는 것이 아니라 함께 울어 주고 기도해 주는 것이라고 한다. 함께 울어 주고 기도해 주며 곁을 지켜

주는 이들로 인해 '혼자가 아니구나'라는 생각을 하게 되고, 다시 한번 살아갈 용기를 회복하게 되는 것이다. 나의 슬픔이 집사님께 전해지기를 원했지만 새벽 1시가 되어 우리 일행은 자리에서 일어나야 했다. 모두 다음 날 출근을 해야 했기 때문이다. 부천에 도착하니 5시가 넘은 시간이었다. 한 시간 쪽잠을 자고 일어나 현장으로 출근하면서 '나는 일도, 목회도 무엇 하나 제대로 하는 게 없구나'하는 생각이 들었다.

어디 이뿐이겠나. 새로운 형태의 교회를 시작하면서 어린 자녀들의 신앙 교육을 어떻게 해야 할지 막막했다. 의미를 알아듣기 어려운 어른만을 위한 예배를 통해 아이들의 신앙이 자라날 수 있을지 의문이었다. 예배 순서에 어린이 찬양을 넣기도 하고, 어른이 들을 수 있는 어린이를 위한 설교도 시도해 보았다. 매주 성찬을 진행하며 아이들을 예배에 참여하게 했고, 어른들이 아이들을 위해 축복하며 기도해 주는 시간도 가졌다. 나중에는 어린이 예배를 어른 예배 순서 안으로 가지고 들어와 어른들이 함께 어린이 예배를 드리기도 했다. 하지만 아직 우리 아이들은 주기도문도 외우지 못한다. 고민이 깊어져 갔다. "신앙은 교육을 통해 전달되는 것인가"라는 질문은 기독교 교육에서 가장 중요한 질문이라고 한다. 만일 교육을 통해서 신앙을 가질 수 있다면 그것을 은혜라고 말할 수 없고, 그렇다고 교육 자체의 필요도 부정할 수 없기 때문이다. 잠자리에 들기 전, 엄마나 아빠가 해 주던 기도를 첫째 새온이에게 부탁한 적이 있다. "새온아, 오늘은 네가 기도해 줄래?" 그랬더니 자신은 기도를 할 줄 모른다며 머뭇거렸다. 그래서 그냥 네 속에 있는 마음을 하나님께 전해 보라고 했더니 새온이는 이런 기도를 드렸다.

"하나님, 겨울이 되었어요. 날씨가 많이 추워요. 그런데 먹을 것도 없고, 집도 없는 사람들이 있어요. 그 사람들에게 집 주시고, 밥 주세요. 예수님의 이름으로 기도합니다. 아멘."

말없이 아이를 꼭 안아 주었다. 너무나 고마웠다. 그리고 그때 알게 되었다. 신앙은 형성되는 것이구나. 그리고 그

또한 하나님의 은혜라는 사실을 알게 되었다. "교육의 위대한 목표는 앎이 아니라 행동"이라던 허버트 스펜서의 말처럼 아이들은 보고 배운다. 우리가 예배를 드리며 나누었던 말들과 실천들을 보면서 아이들은 기독교 신앙이 무엇인지 배우고 있었던 것이다.

여전히 생존과 소명 사이에서 비틀거리고 있지만 그래도 쓰러지지 않을 수 있는 것은, 목회가 나 혼자만의 몫이 아니라는 사실 때문이다. 한 잡지와의 인터뷰에서 "목사님이 생각하시는 목회란 무엇인가요"라는 질문을 받은 적이 있다. 나는 '상호 돌봄'이라고 대답했다. 교회 공동체가 유지되려면 돌봄과 섬김이 필요하다. 이는 목회자나 특정한 사람이 돌봄의 주체로 나서는 것을 의미하지 않는다. 각자가 가진 달란트를 통해 공동체 구성원 전체가 상호 돌봄을 실천하는 것이다. 팬데믹을 지나며 1만 개 이상의 교회가 문을 닫았다고 한다. 너무도 많은 교회가 존재 자체를 위협받고 있는 시대다. 교회를 시작해도 사람이 모이지 않고, 자립을 하지 못하면 목회를 멈춰야 하는 것이 한국 교회의 현실이다. 과연 이 상황을 실패라고 단정 지어 말할 수 있을까. 우리 모두에게는 자신만이 감당할 수 있는 고귀한 부르심이 있다. 그 부르심에 순종하여, 생존과 소명 사이에서 비틀거릴지언정 쓰러지지 않으려 발버둥 치는 이들로 인해 오늘날 교회의 위기는 '실패'가 아닌 '기회'였다고 훗날 회자될 것이다. 한국 교회의 더욱더 다양하고 새로운 표현들을 기대하며 글을 마친다.

텐트메이커

1판 1쇄 인쇄 2023년 12월 22일
1판 1쇄 발행 2023년 12월 27일
1판 2쇄 발행 2025년 1월 17일

지은이   최주광

발행처   도서출판 뜰힘
발행인   최병인
편집   최병인
디자인   이차희
등록   2021년 9월 13일 제 2021-000037호
이메일   talkingworker@gmail.com
인스타그램 instagram.com/ddeulhim
페이스북   facebook.com/ddeulhim

ISBN 979-11-979243-4-7 (03230)

⠂⠴

뜰힘은 아래를 향하는 힘에 반하여 위로 뜨려는 힘입니다.